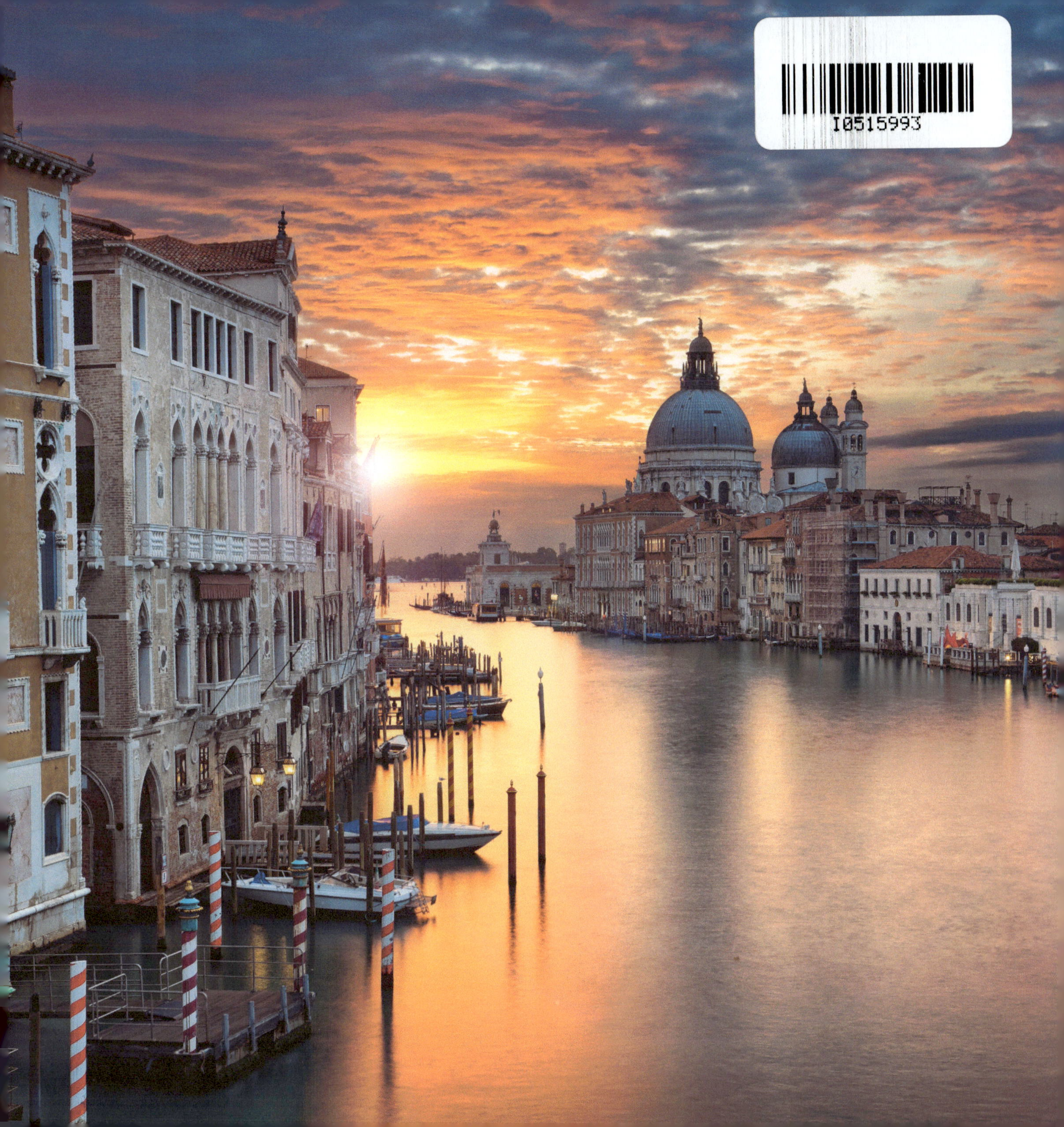

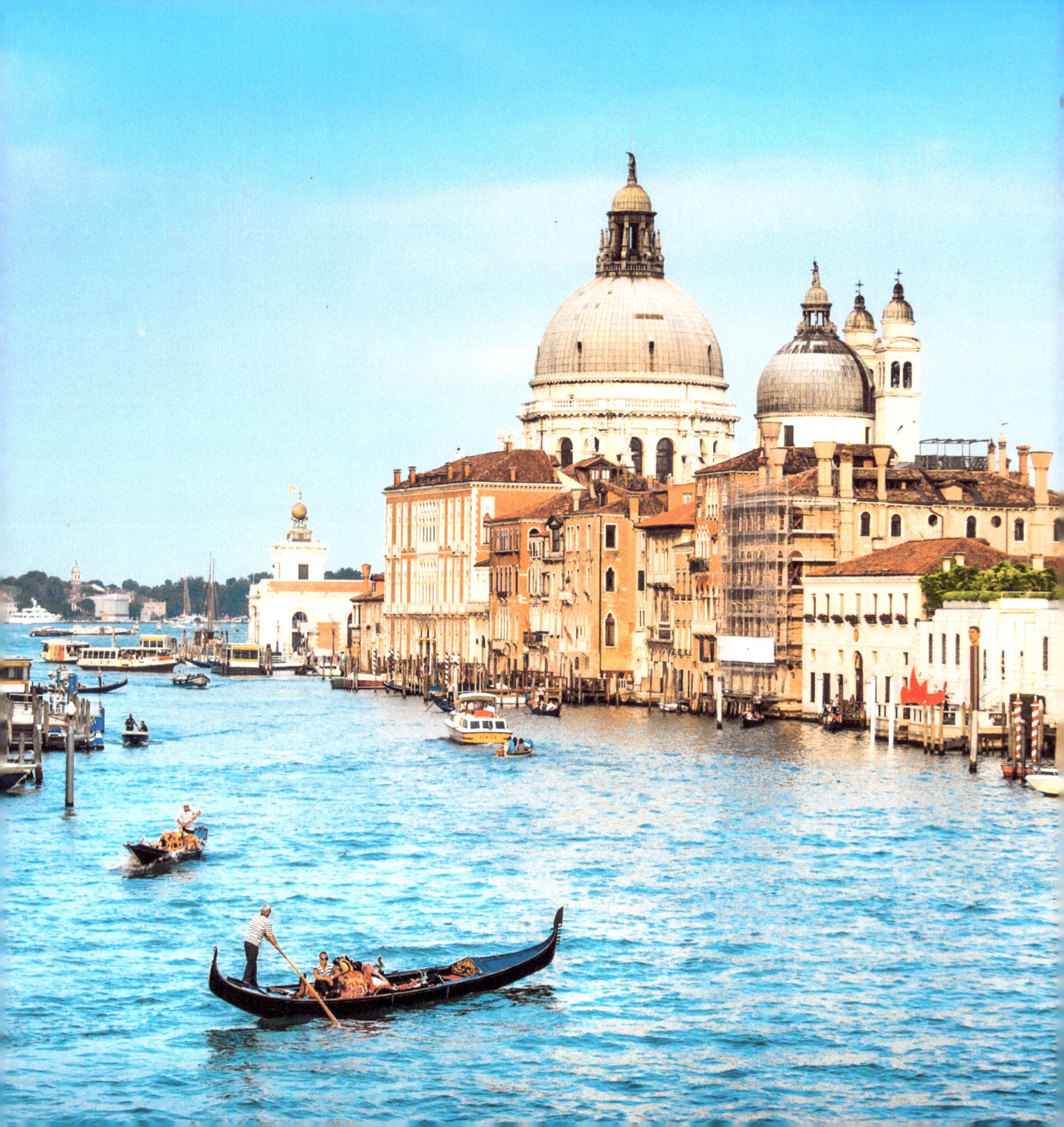

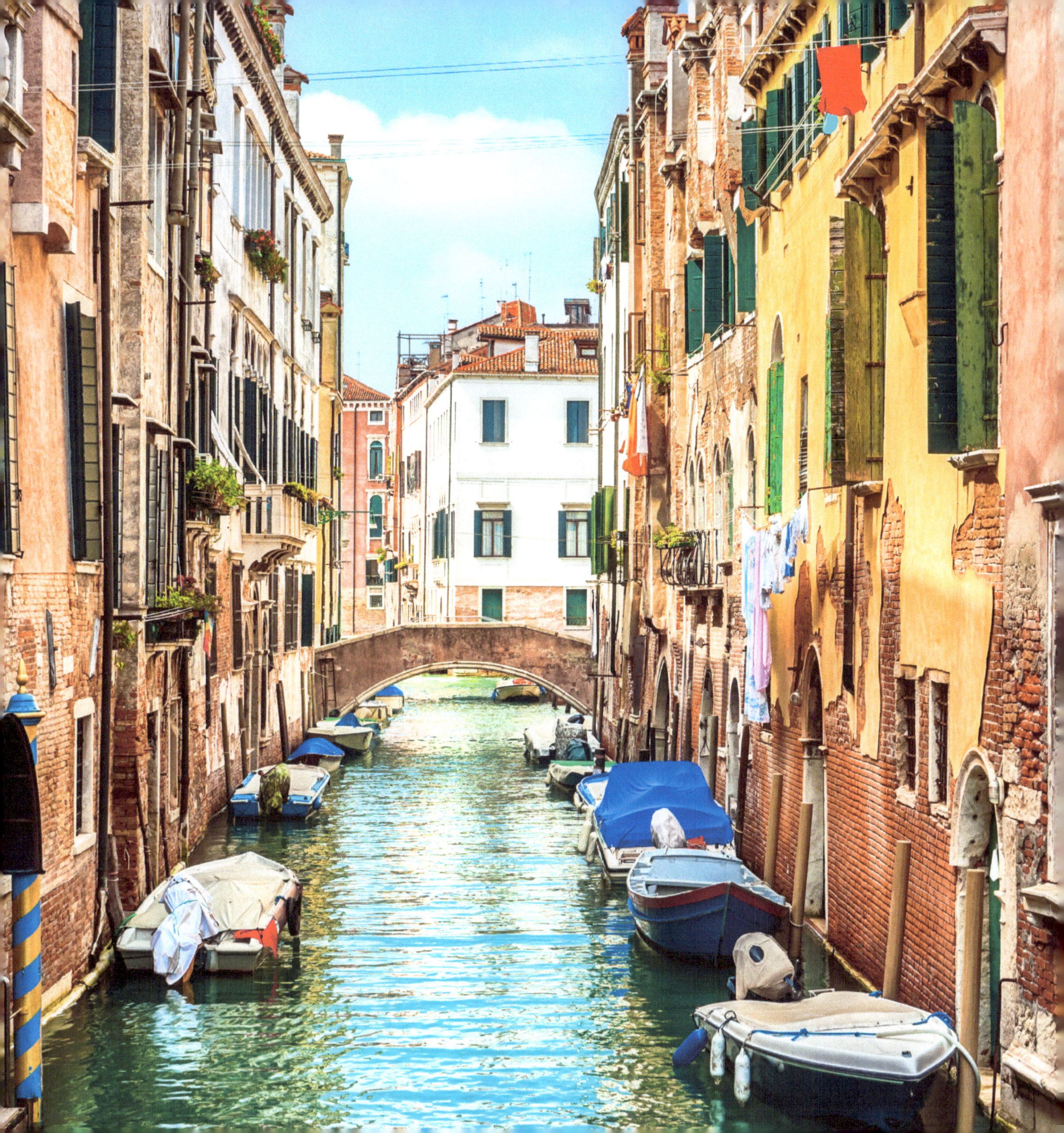

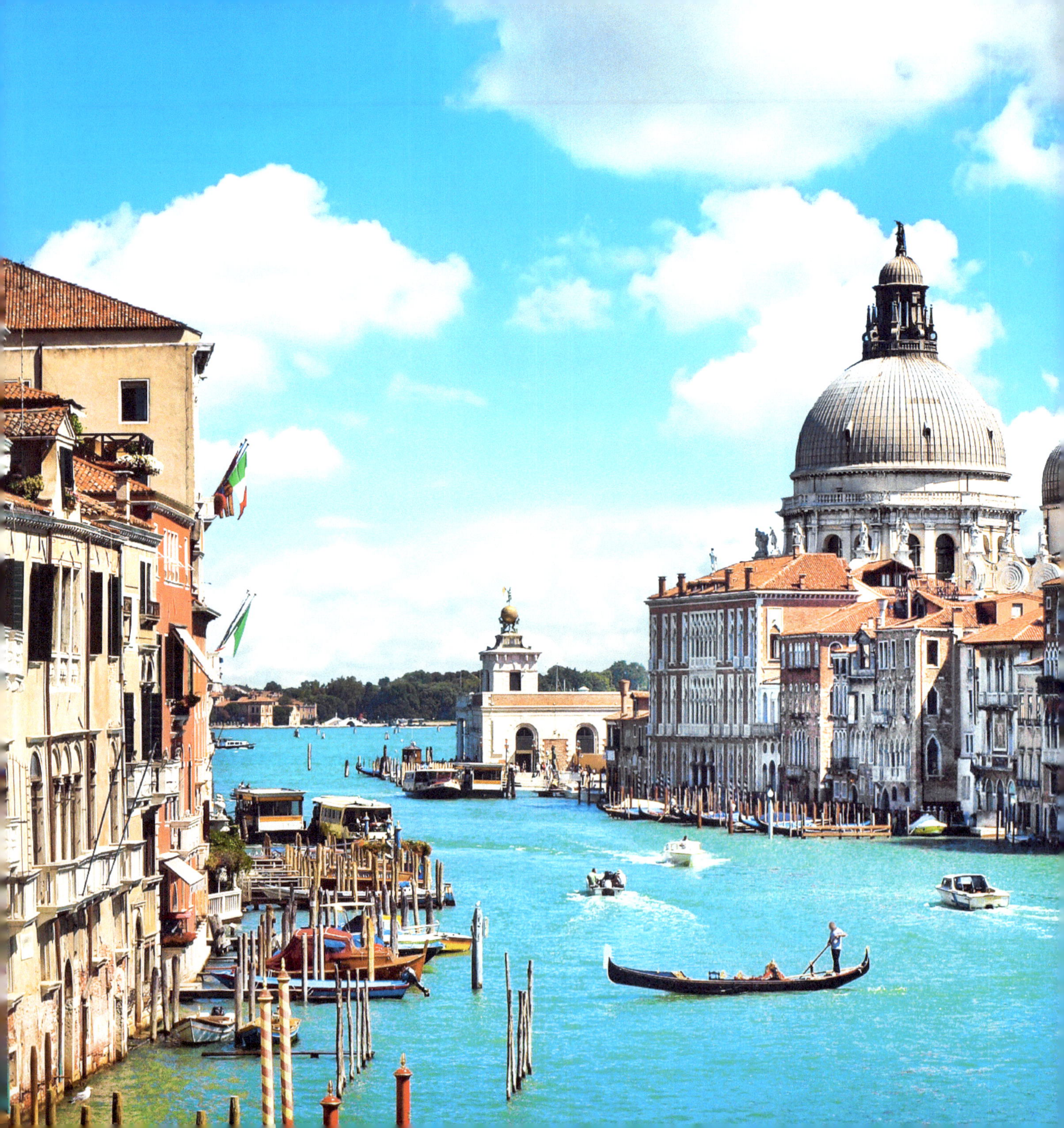

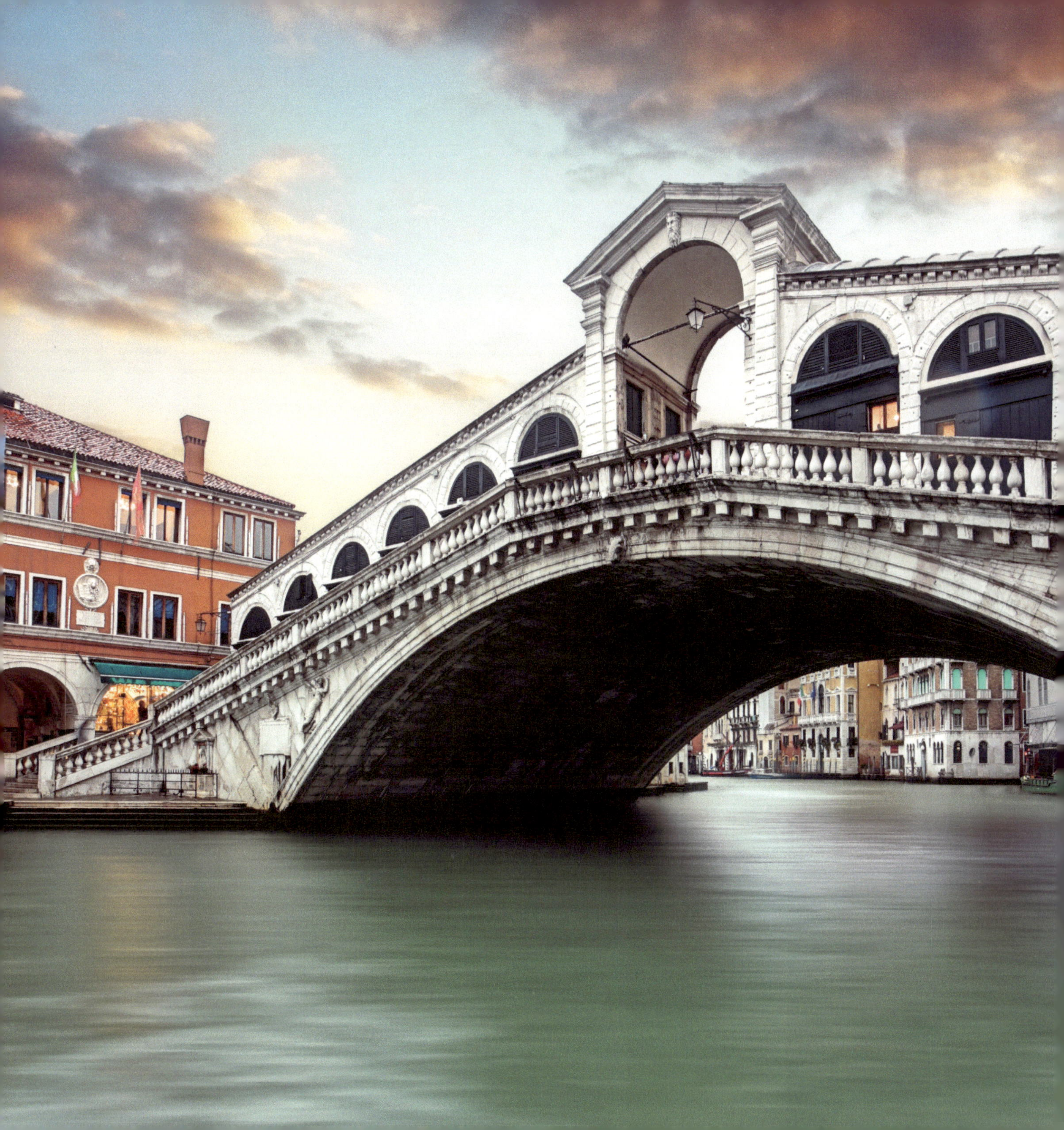

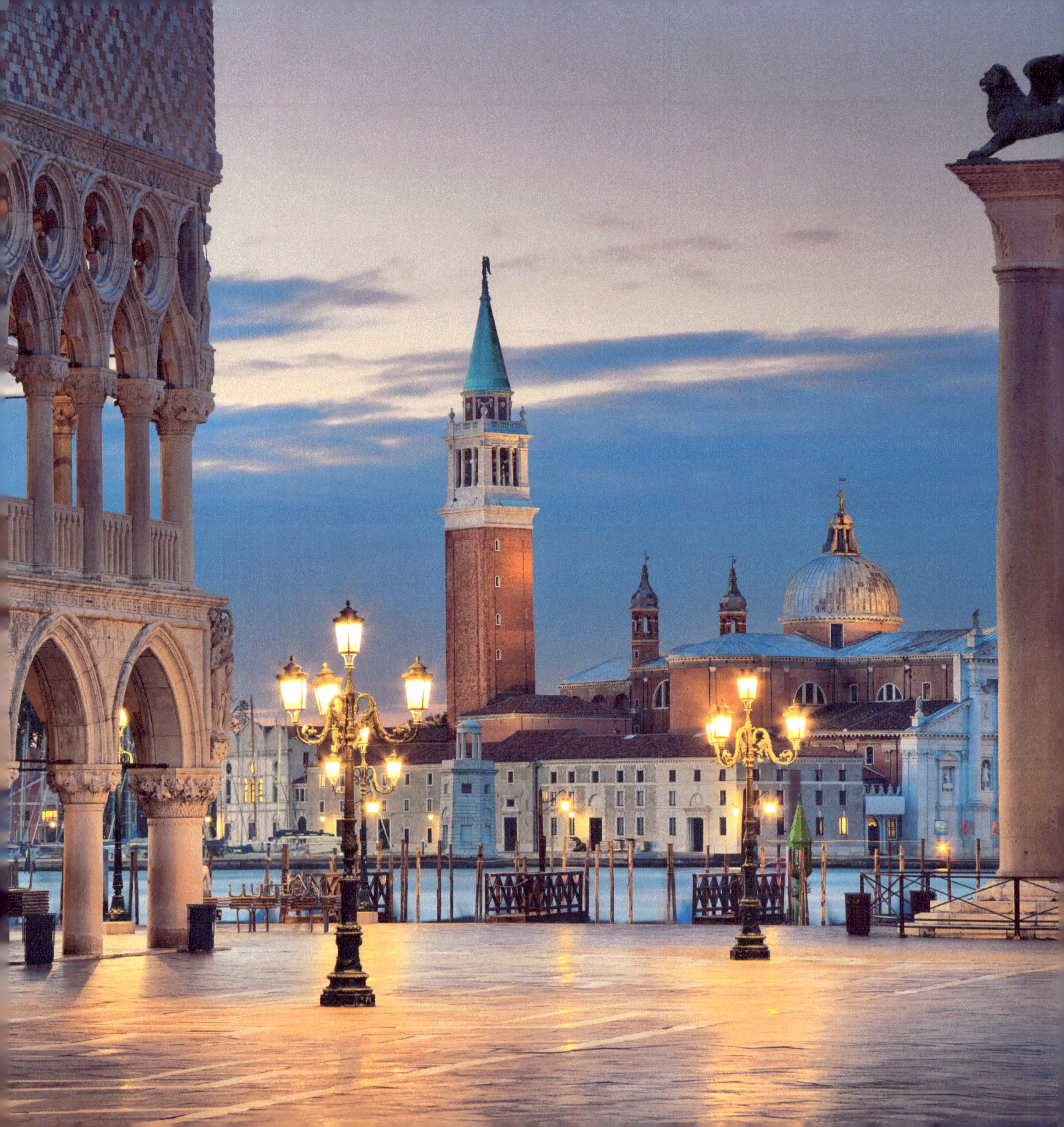

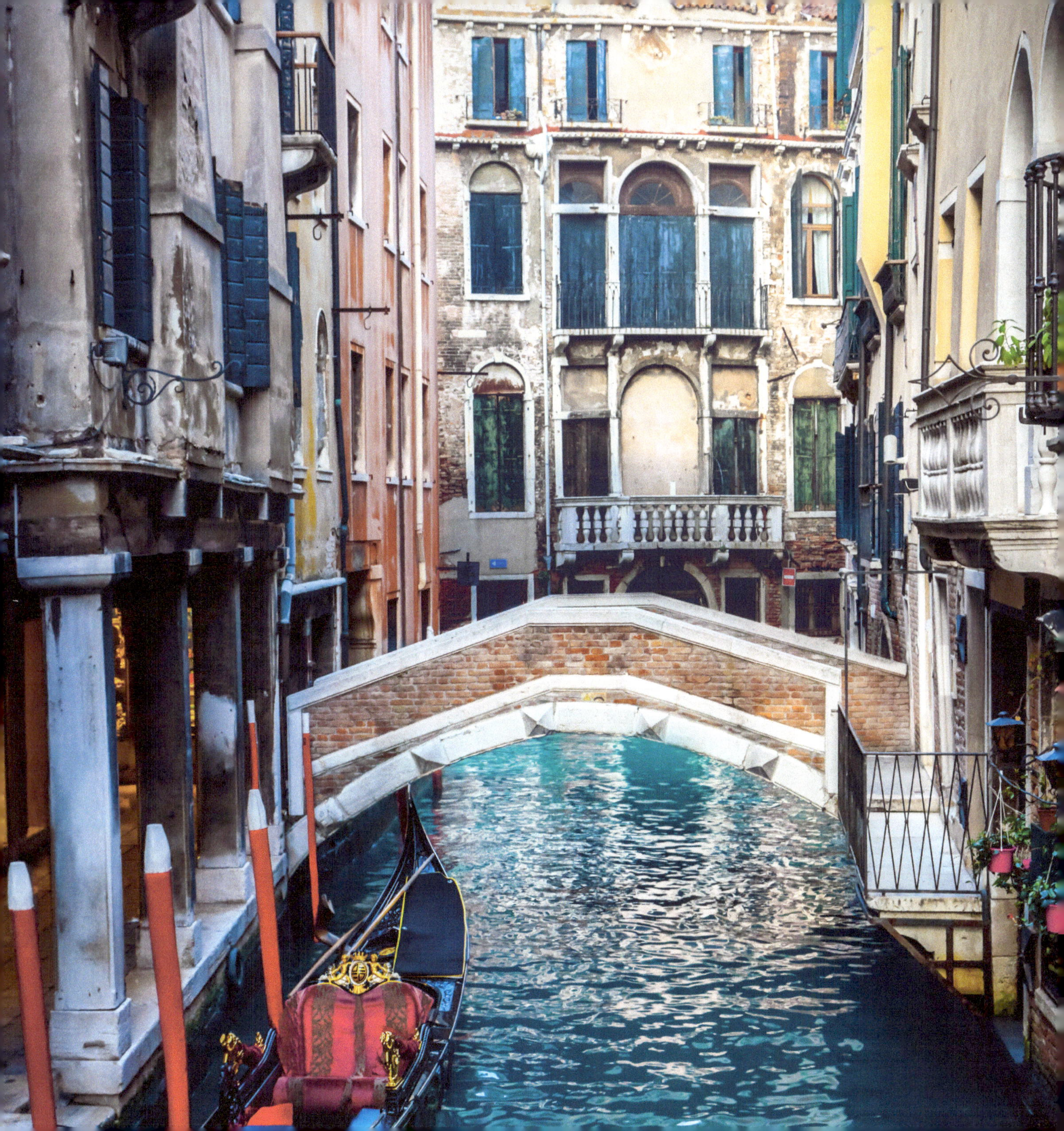

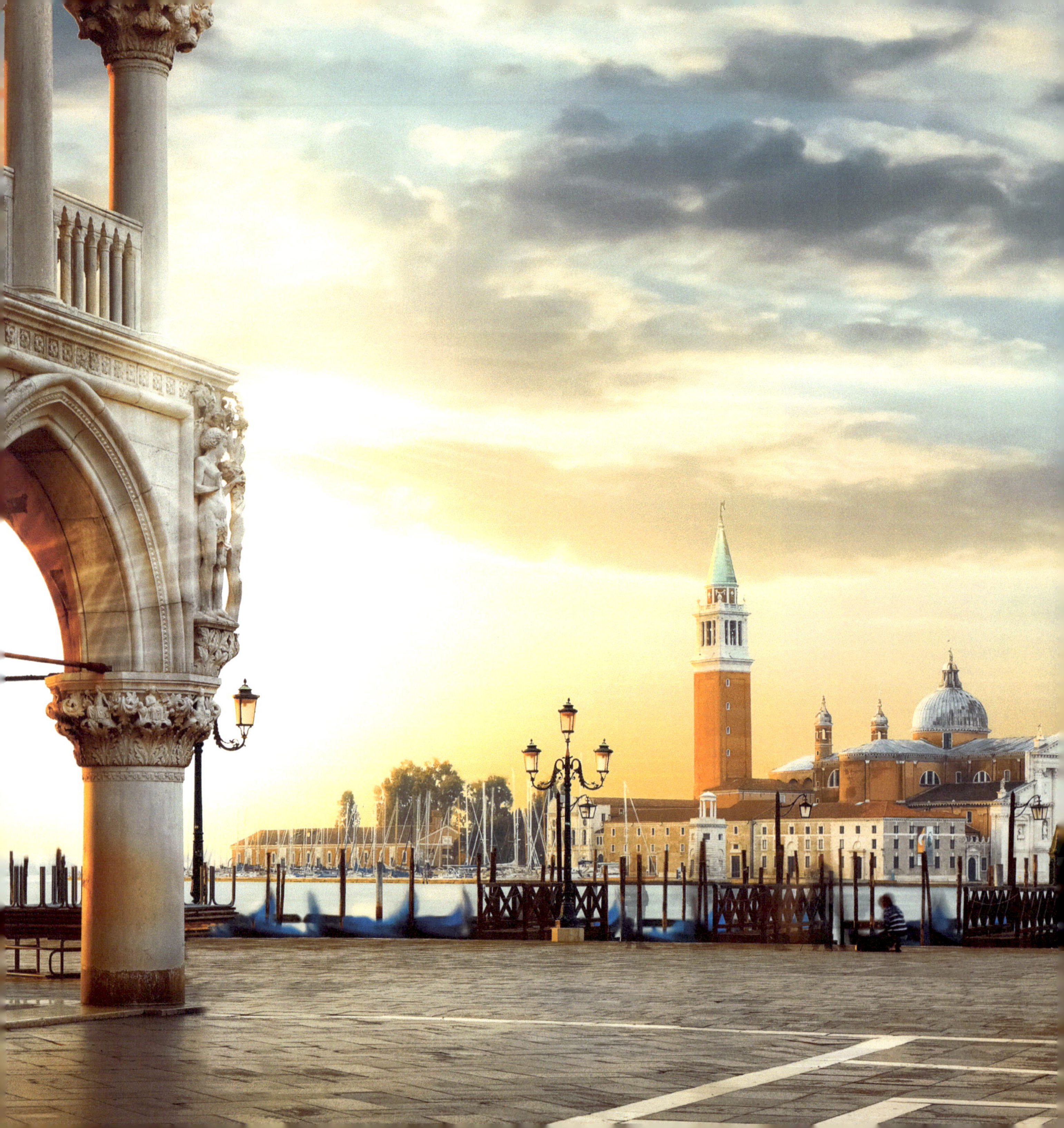

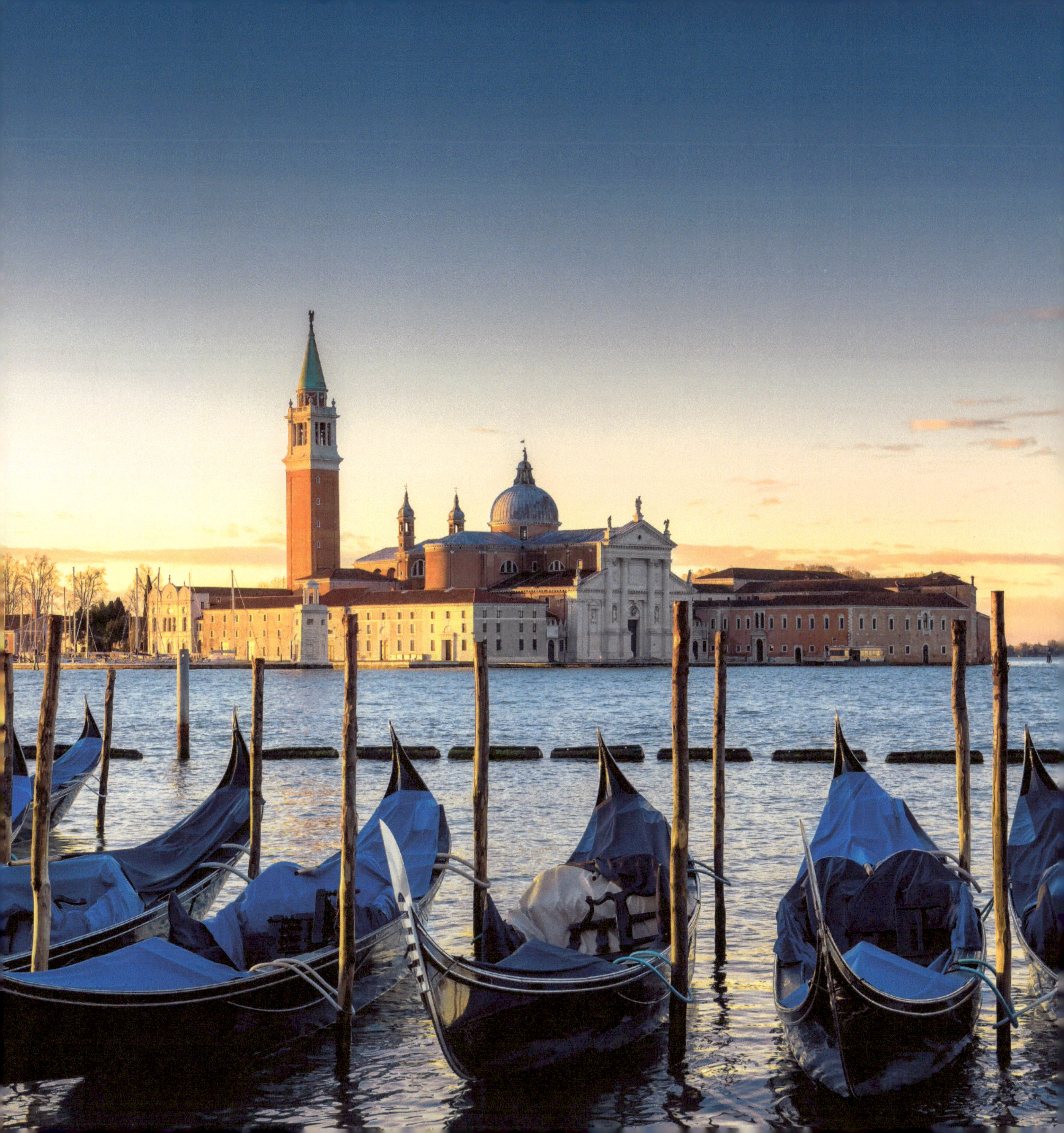

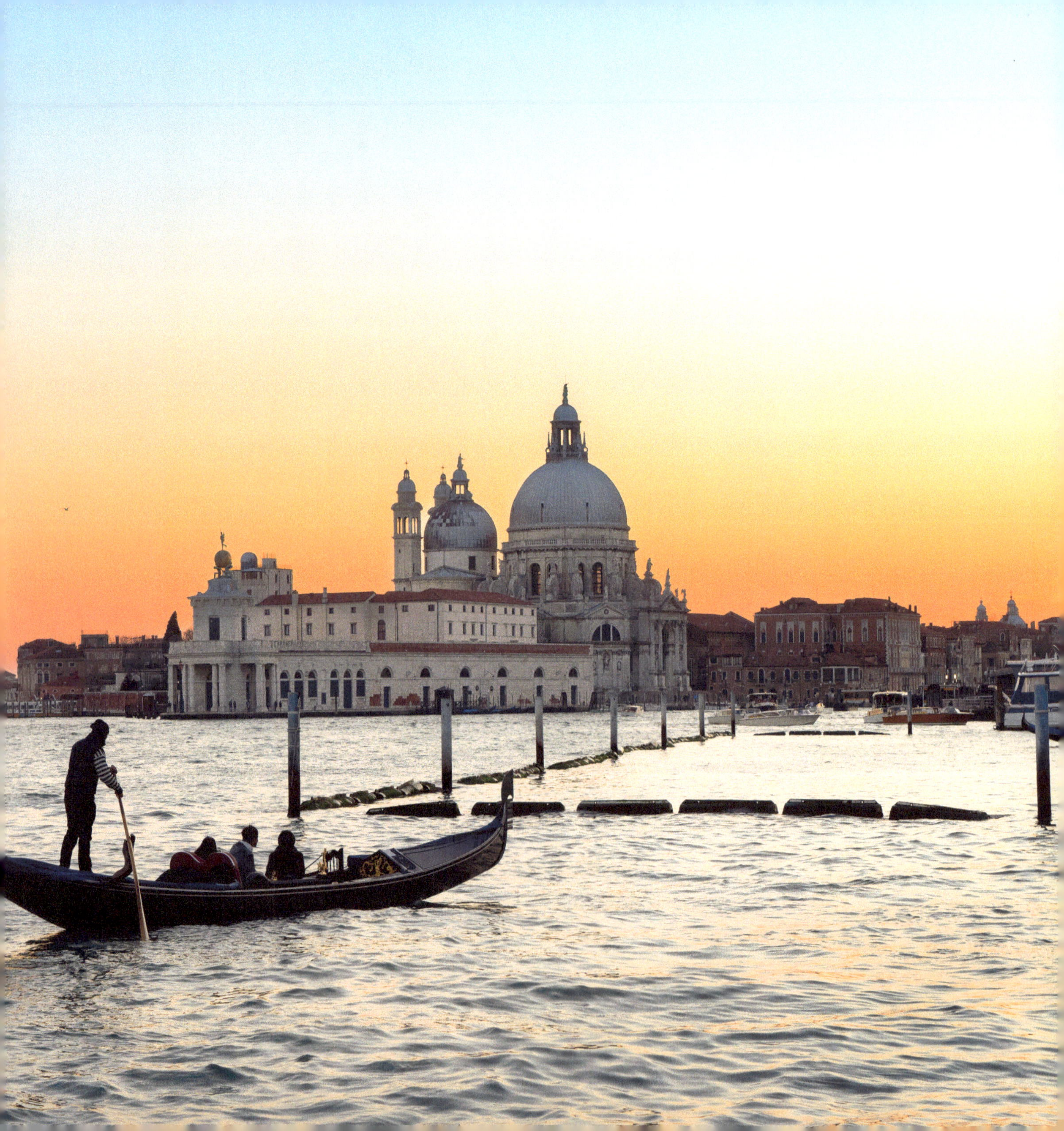

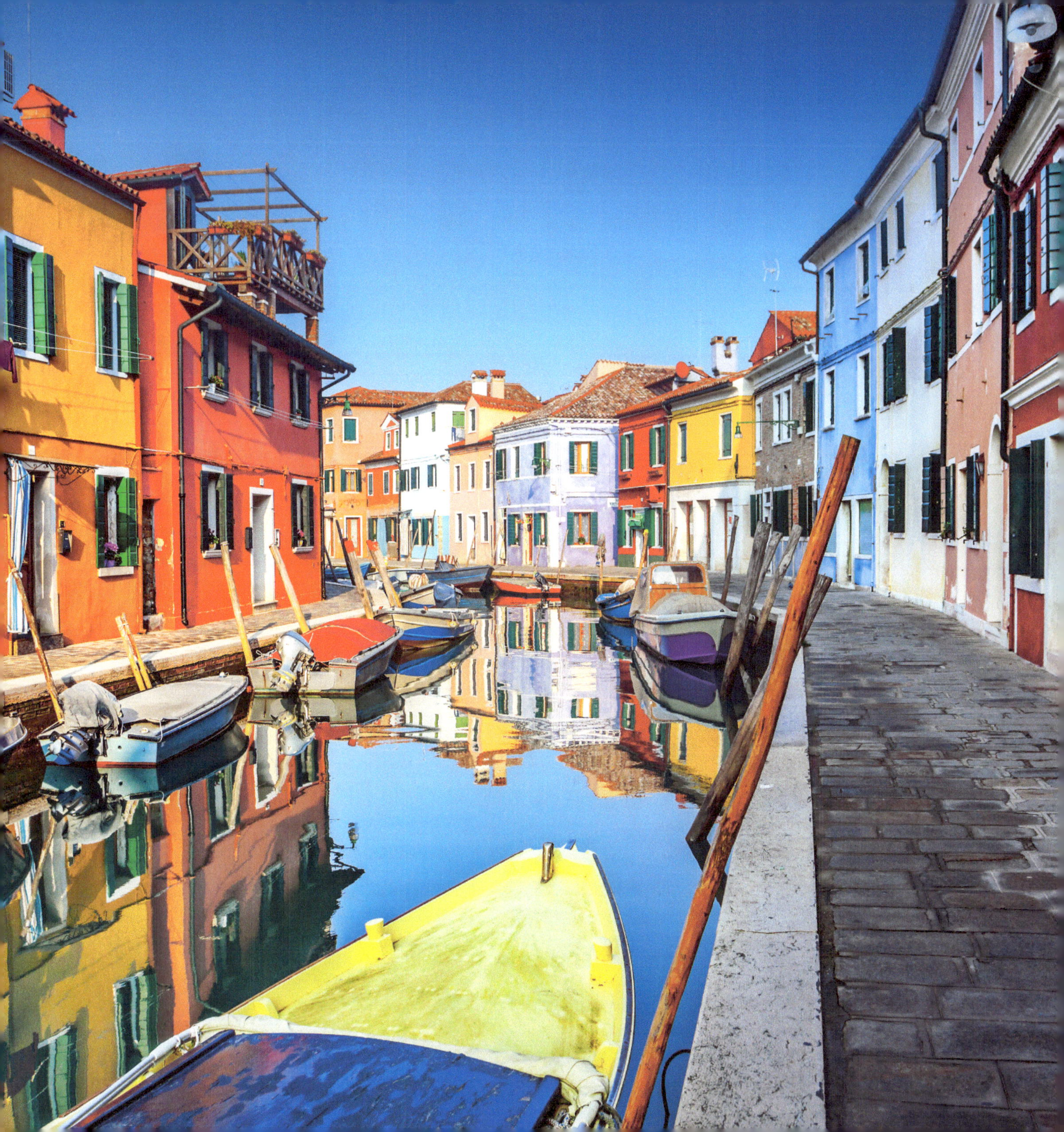

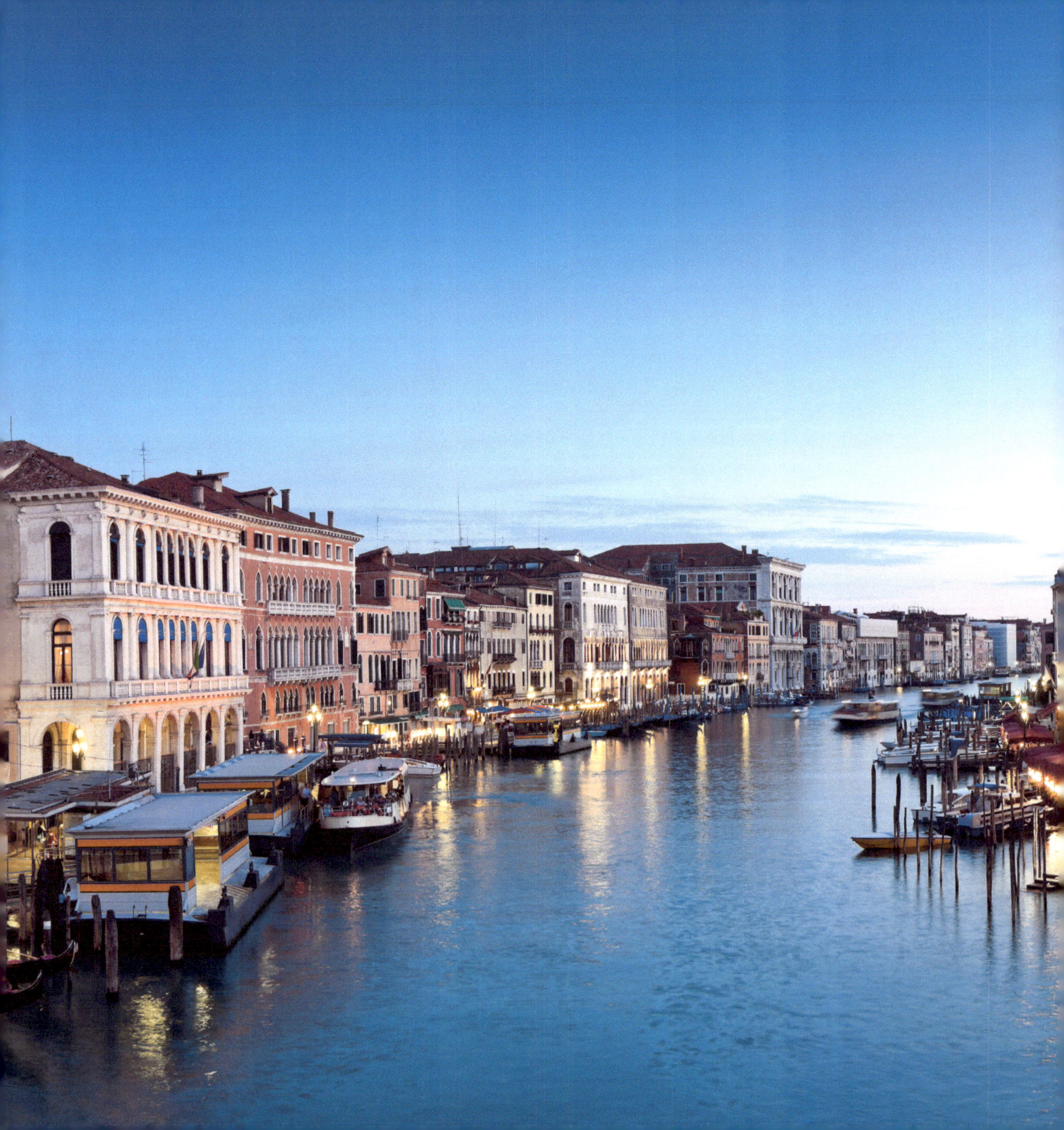

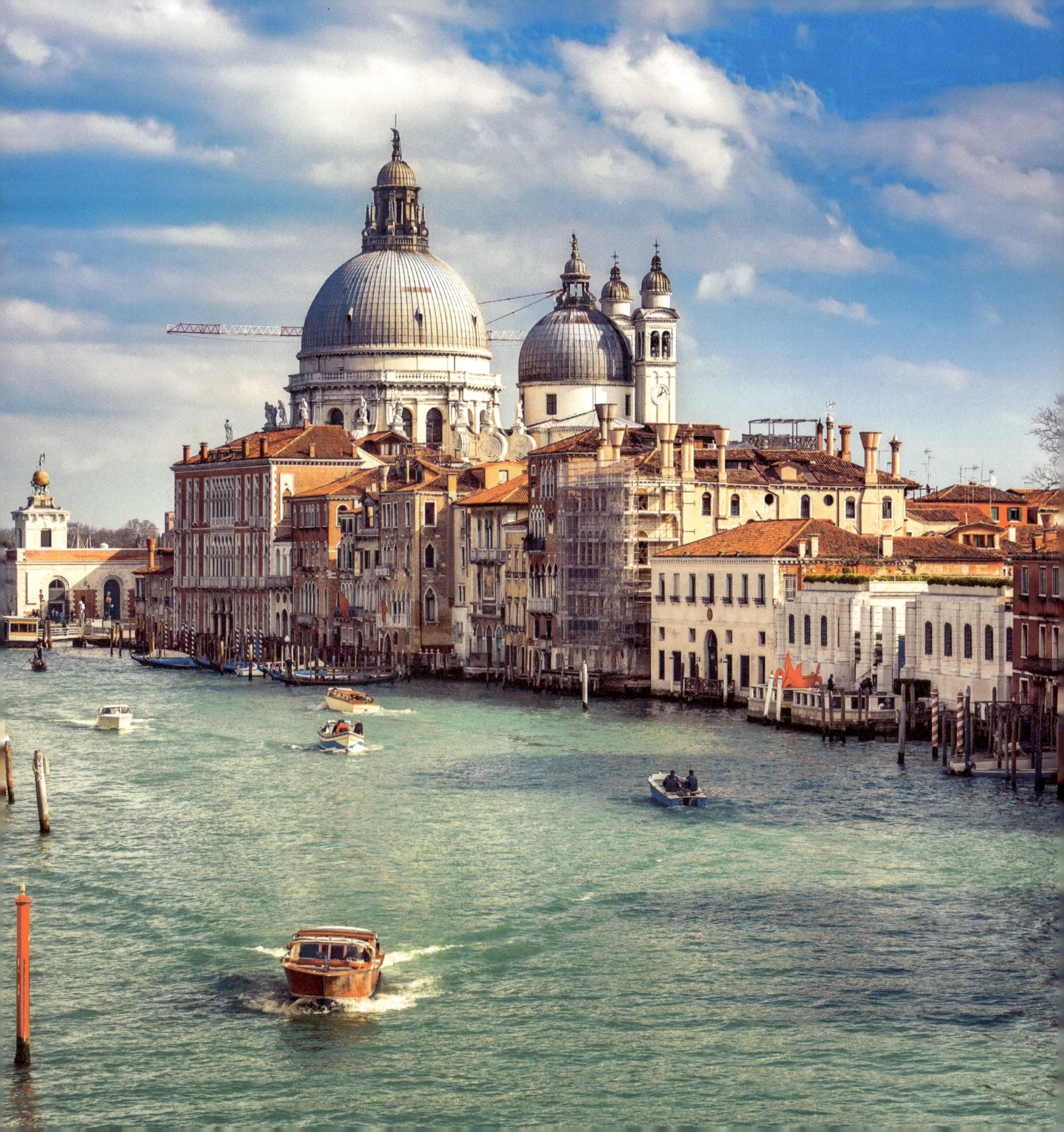

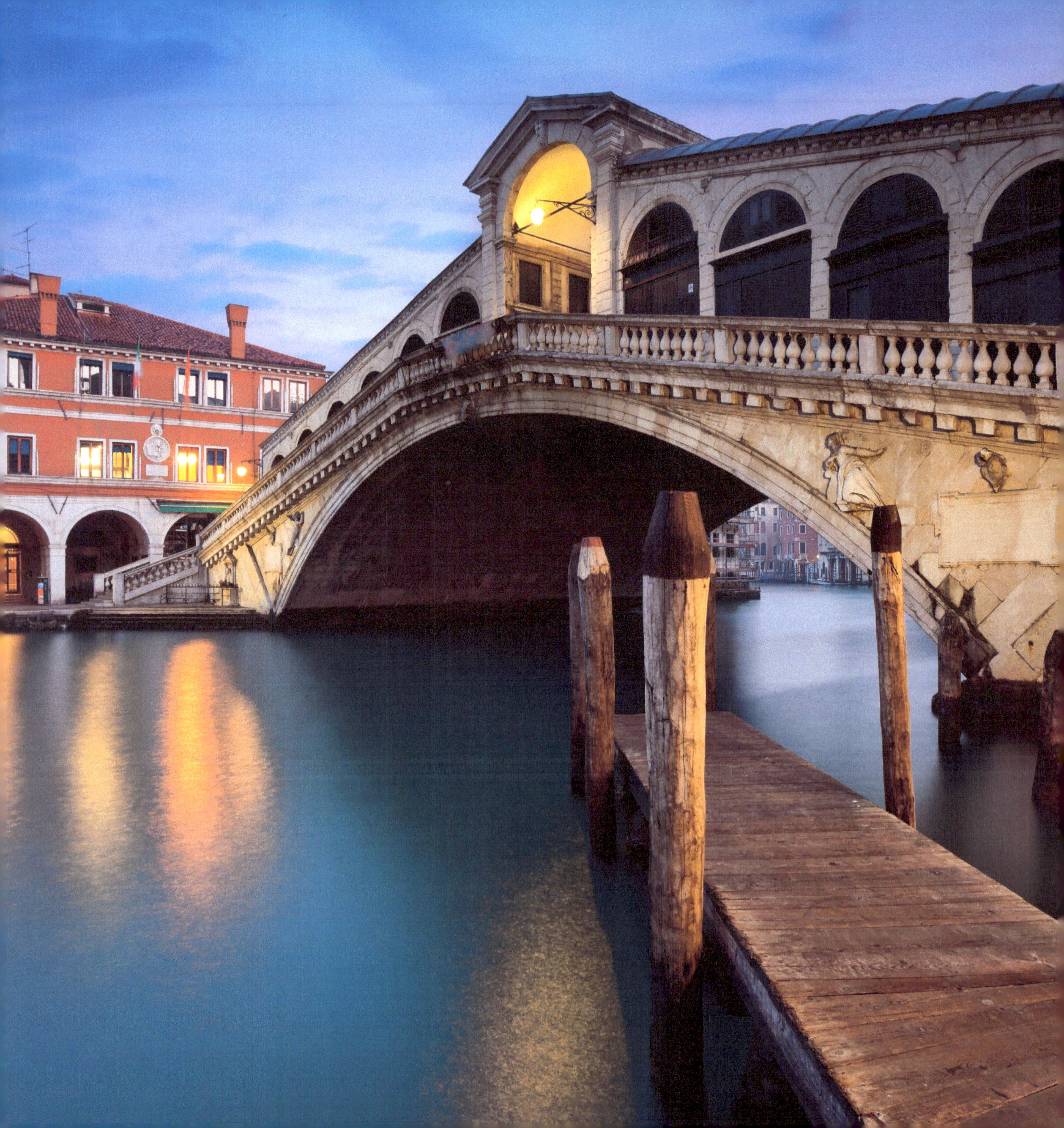

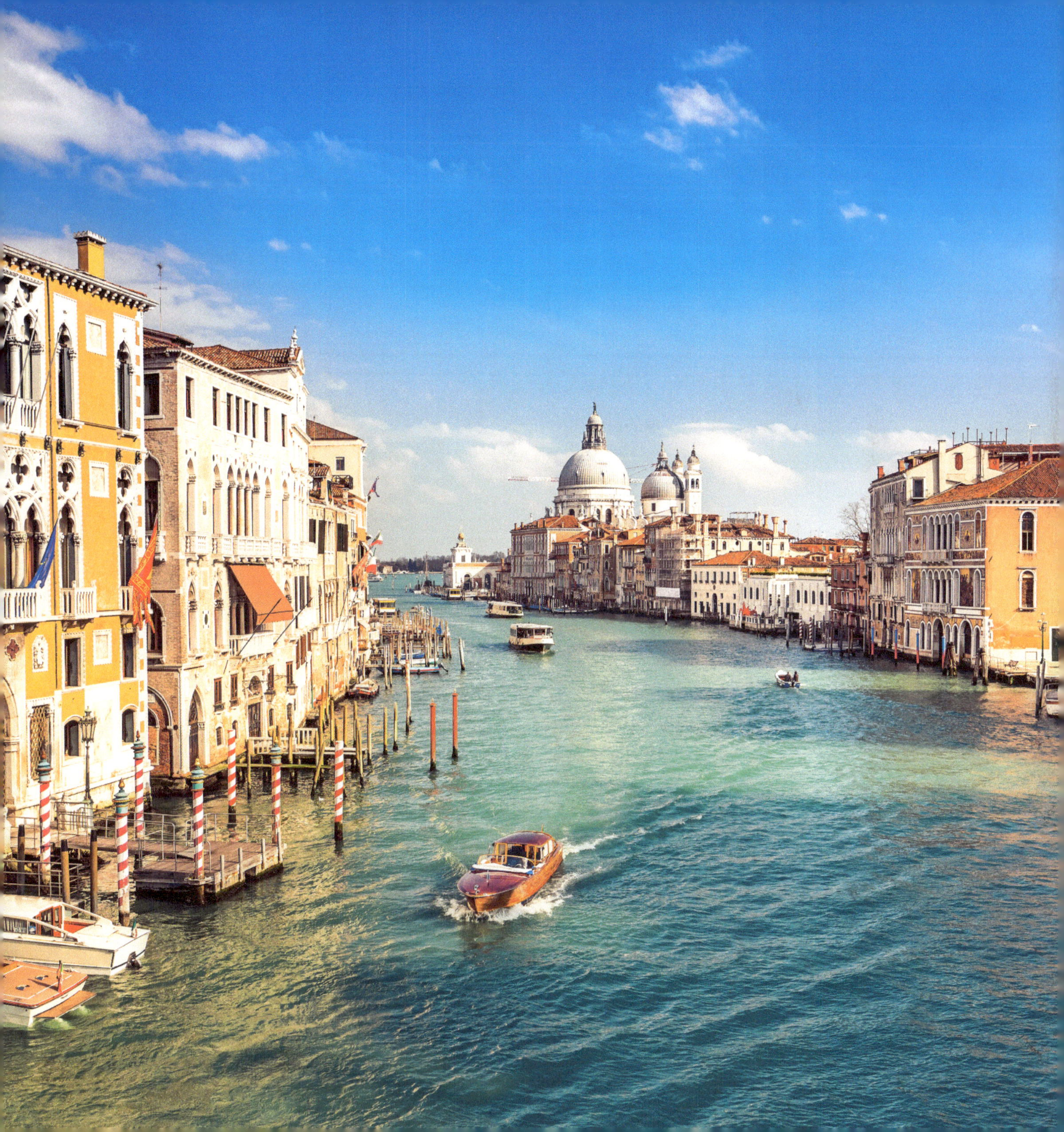

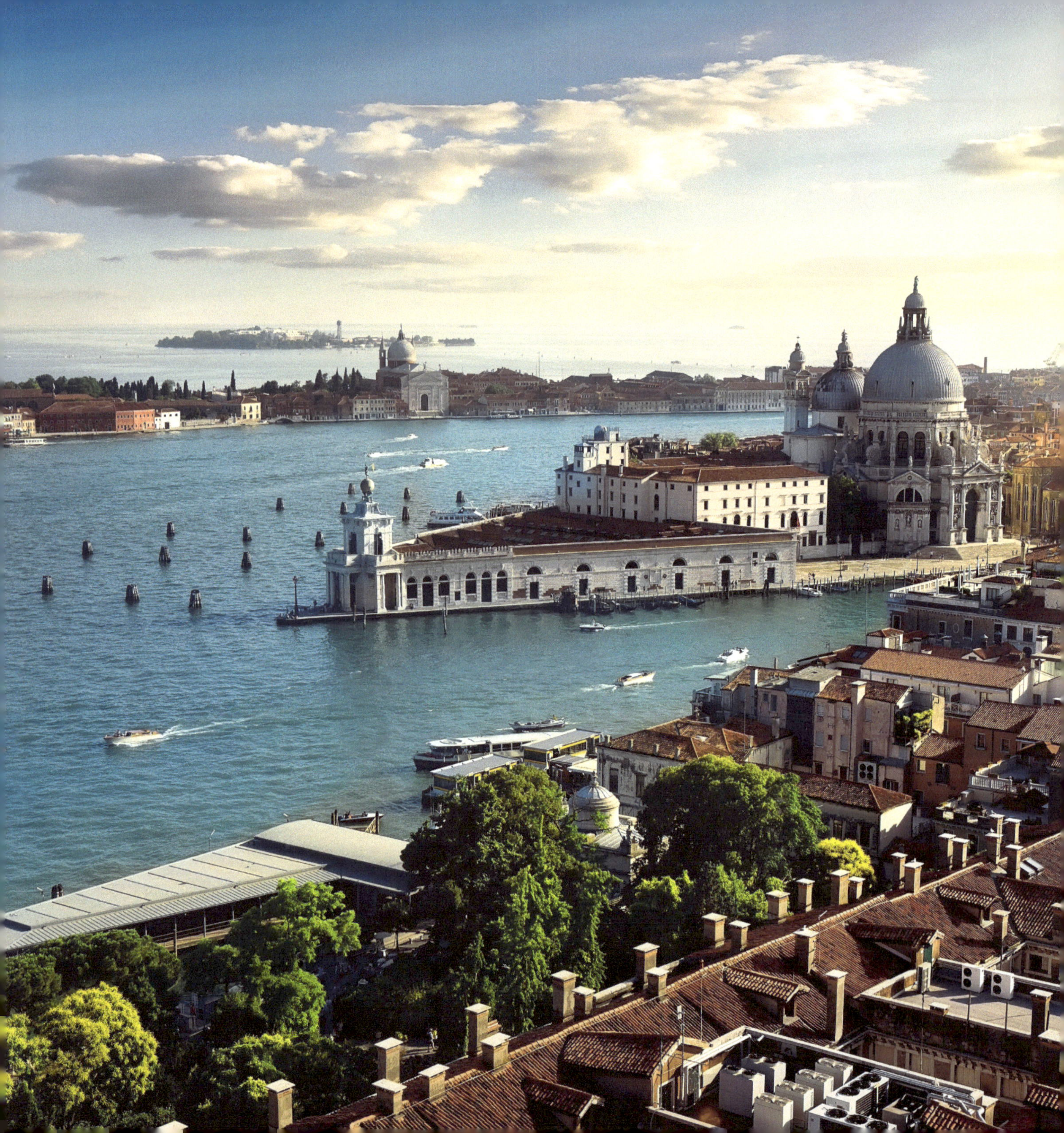

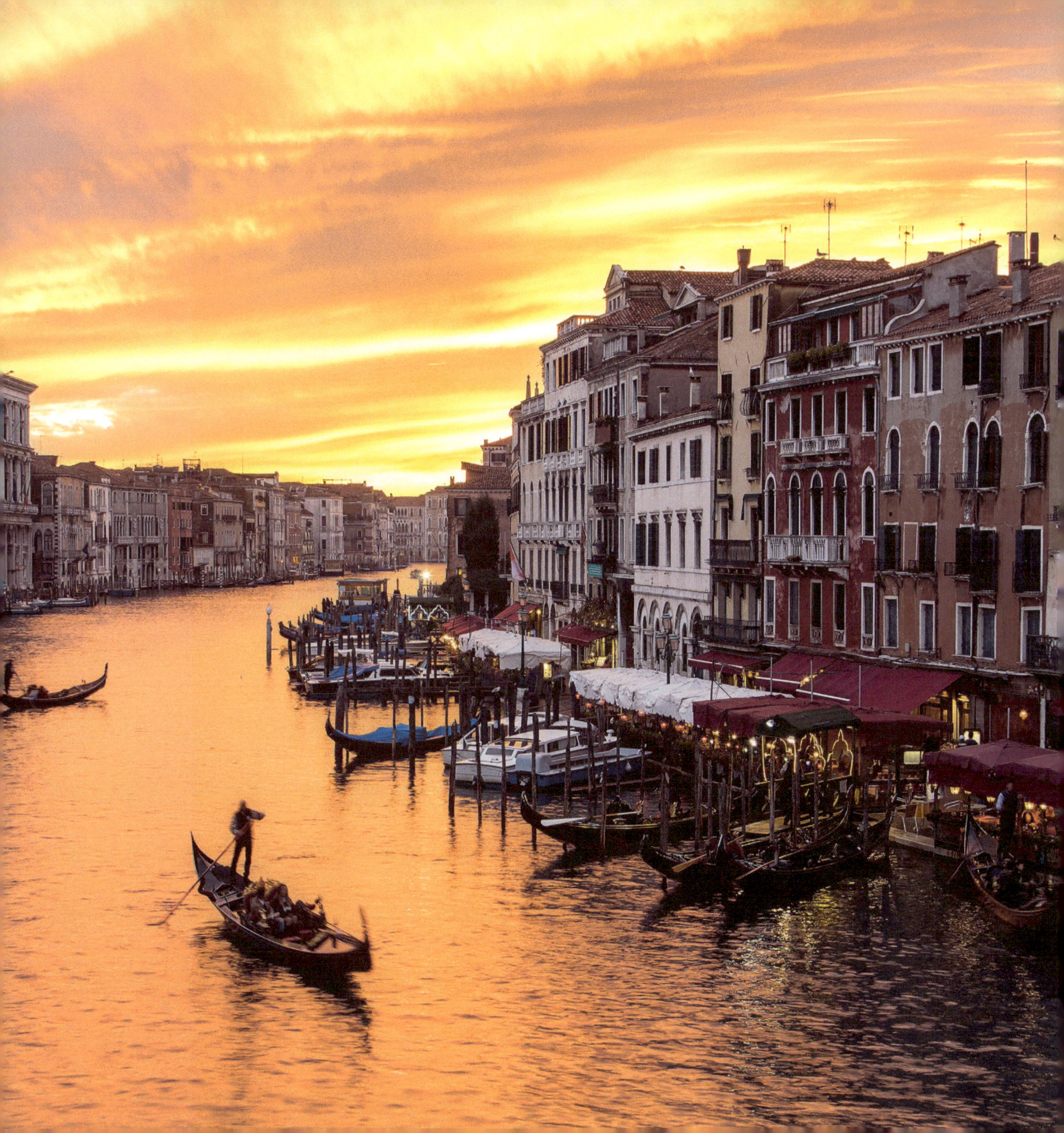

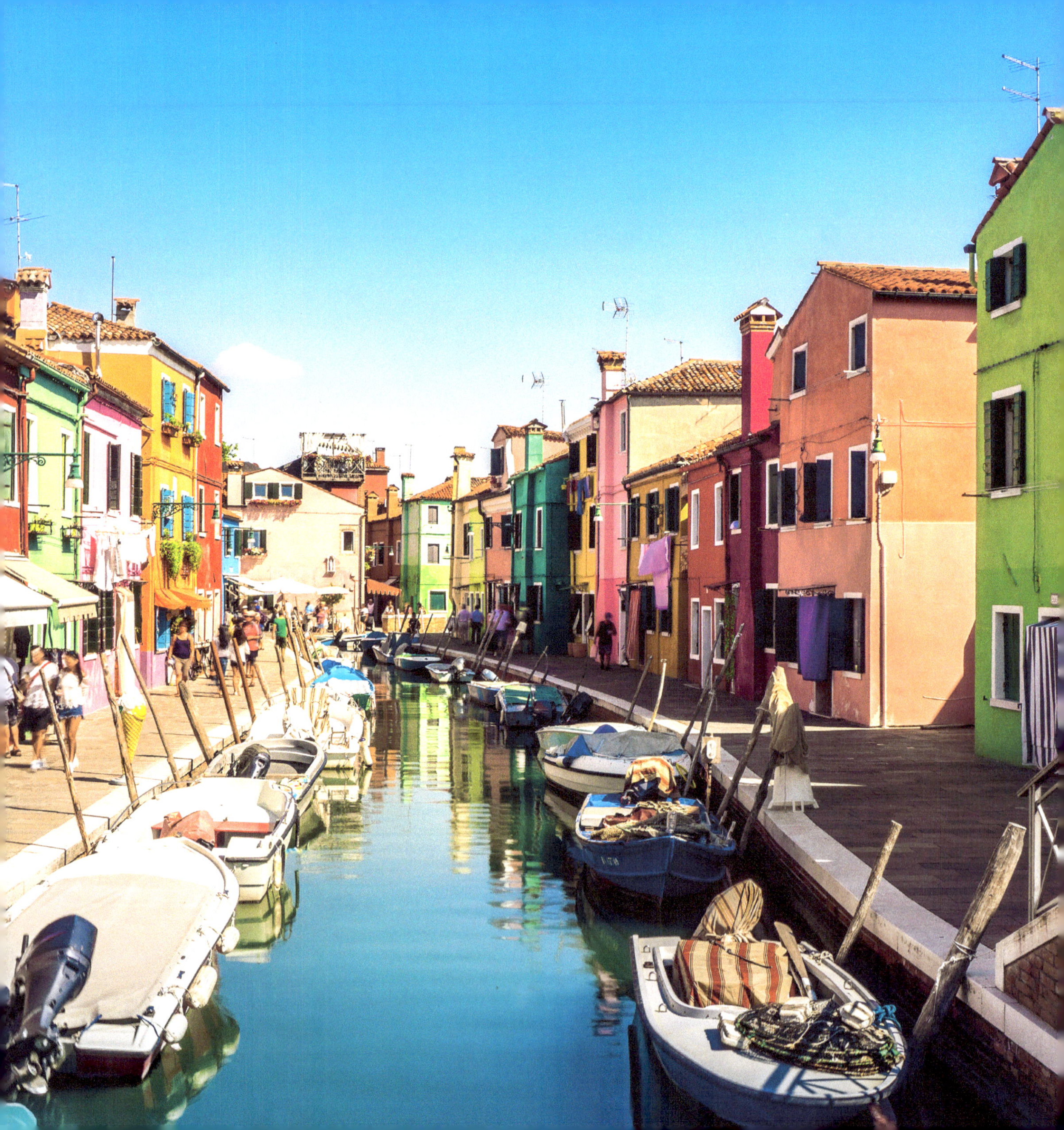

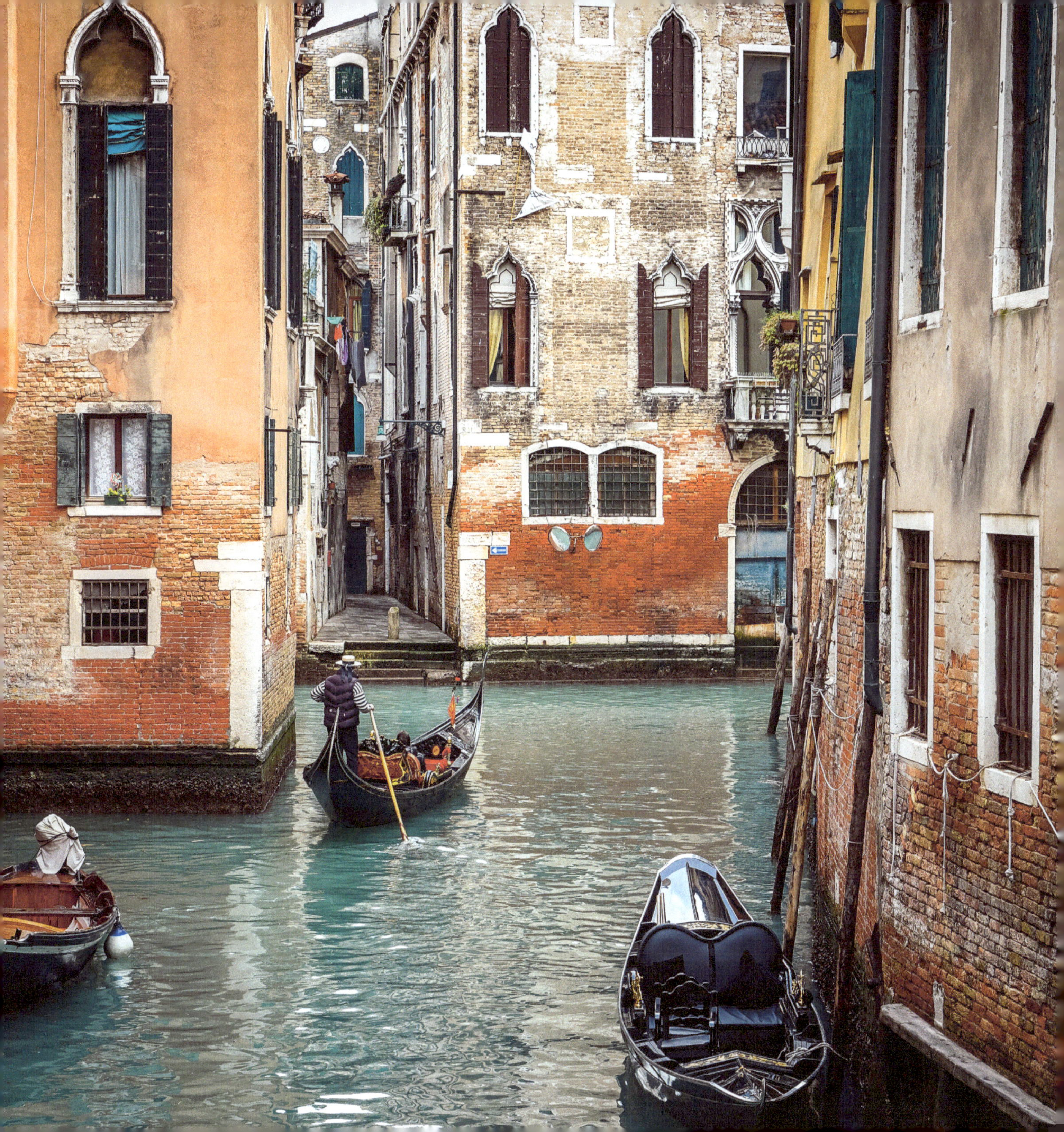

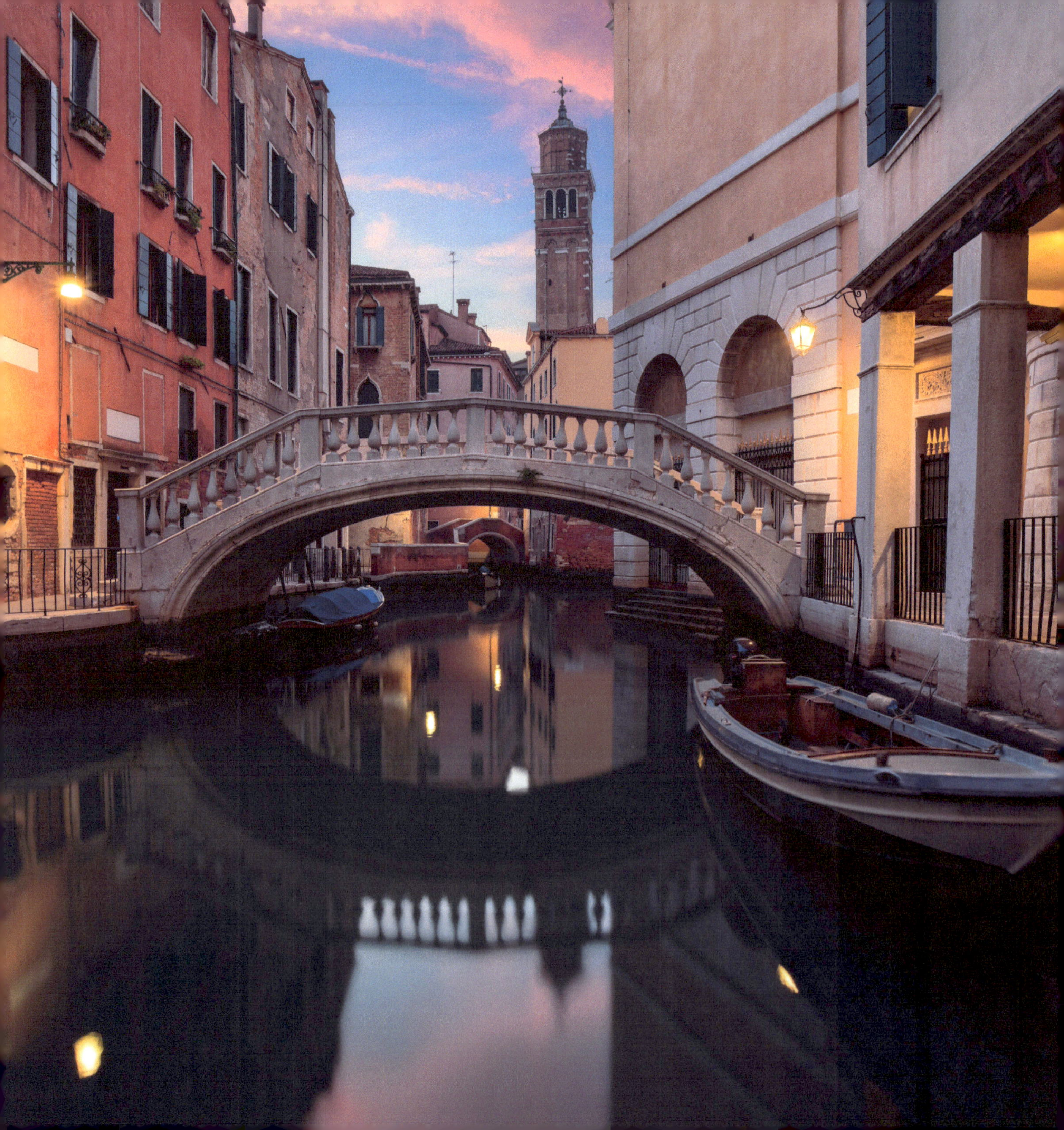

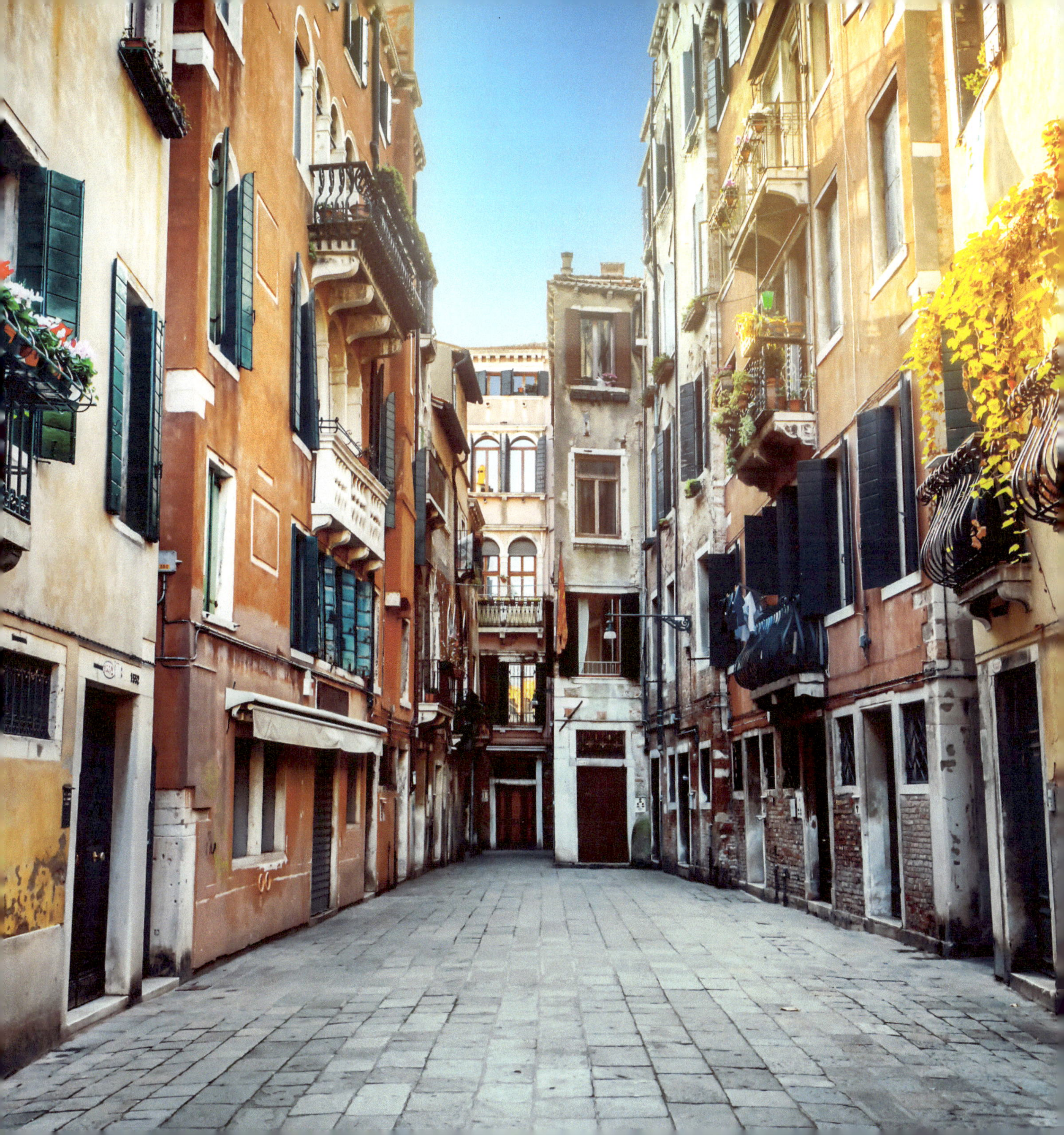

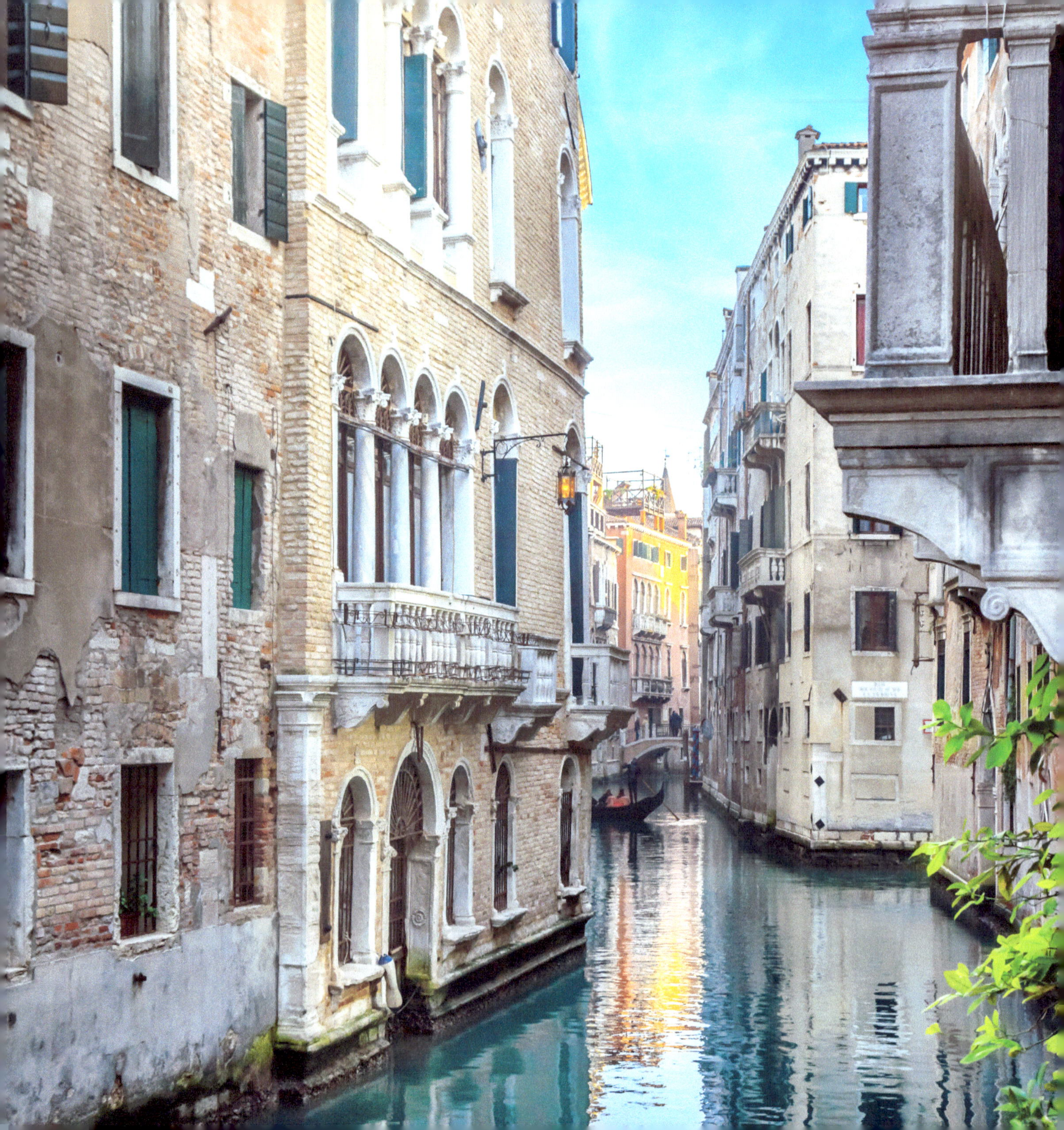

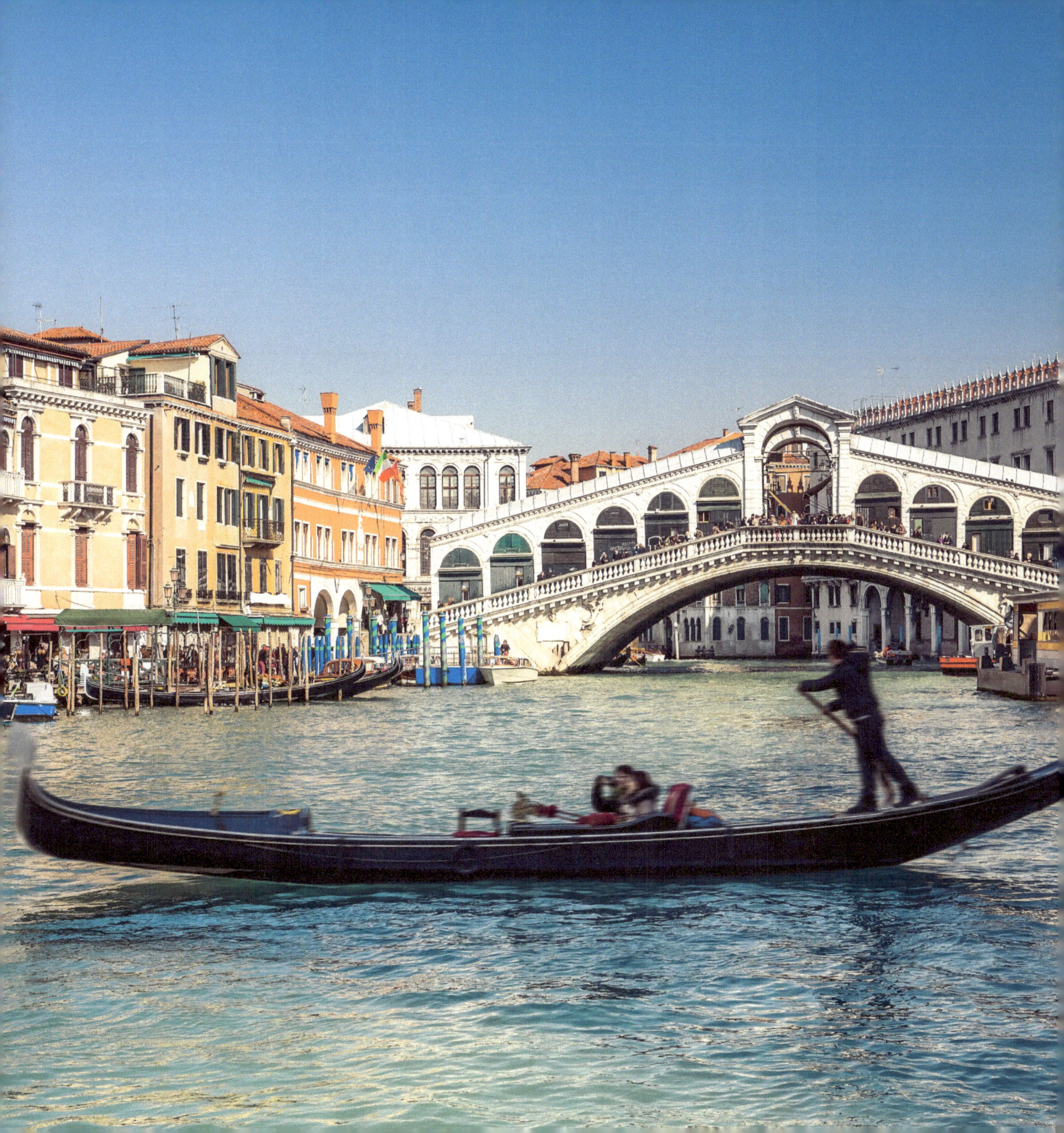

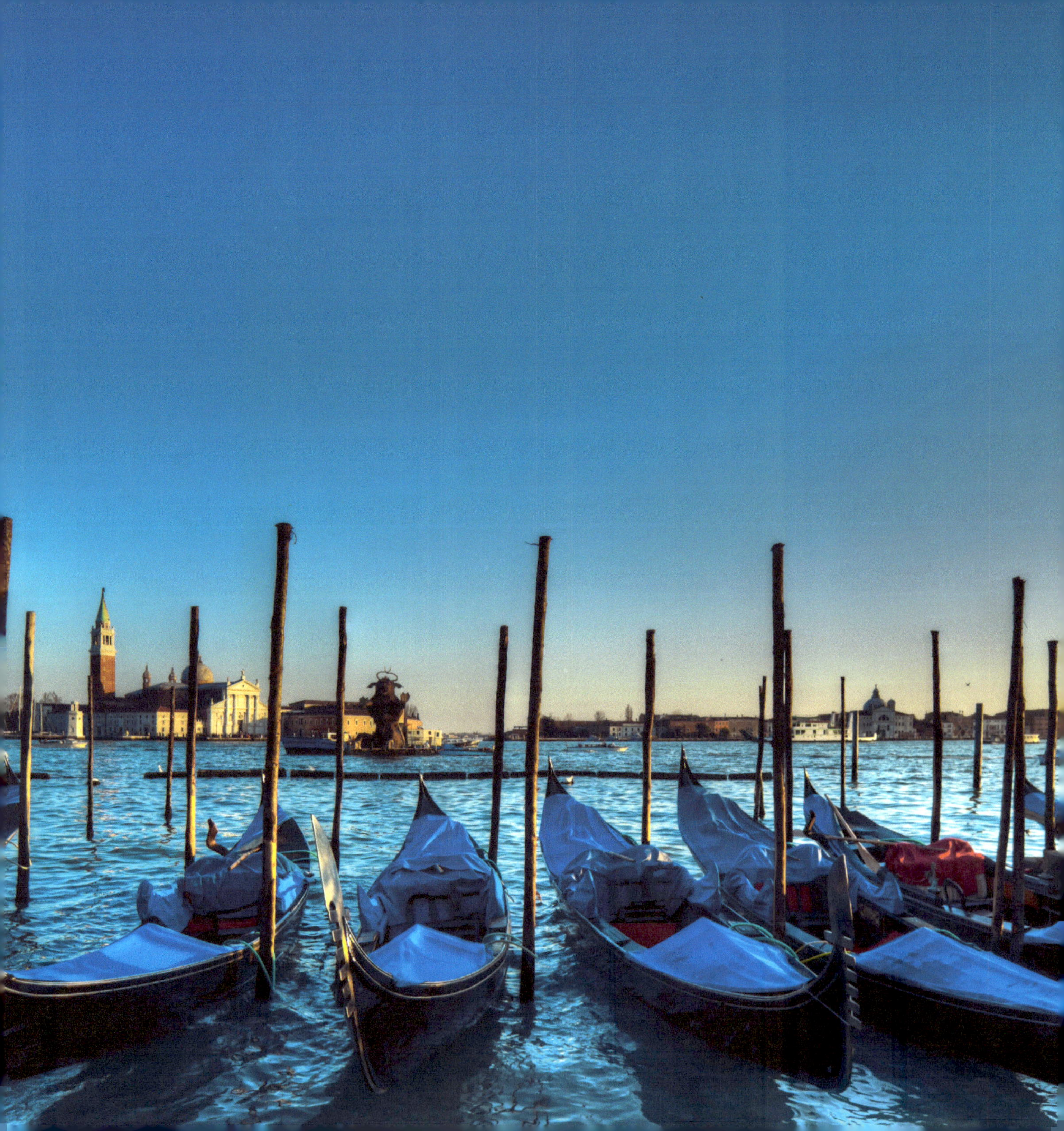

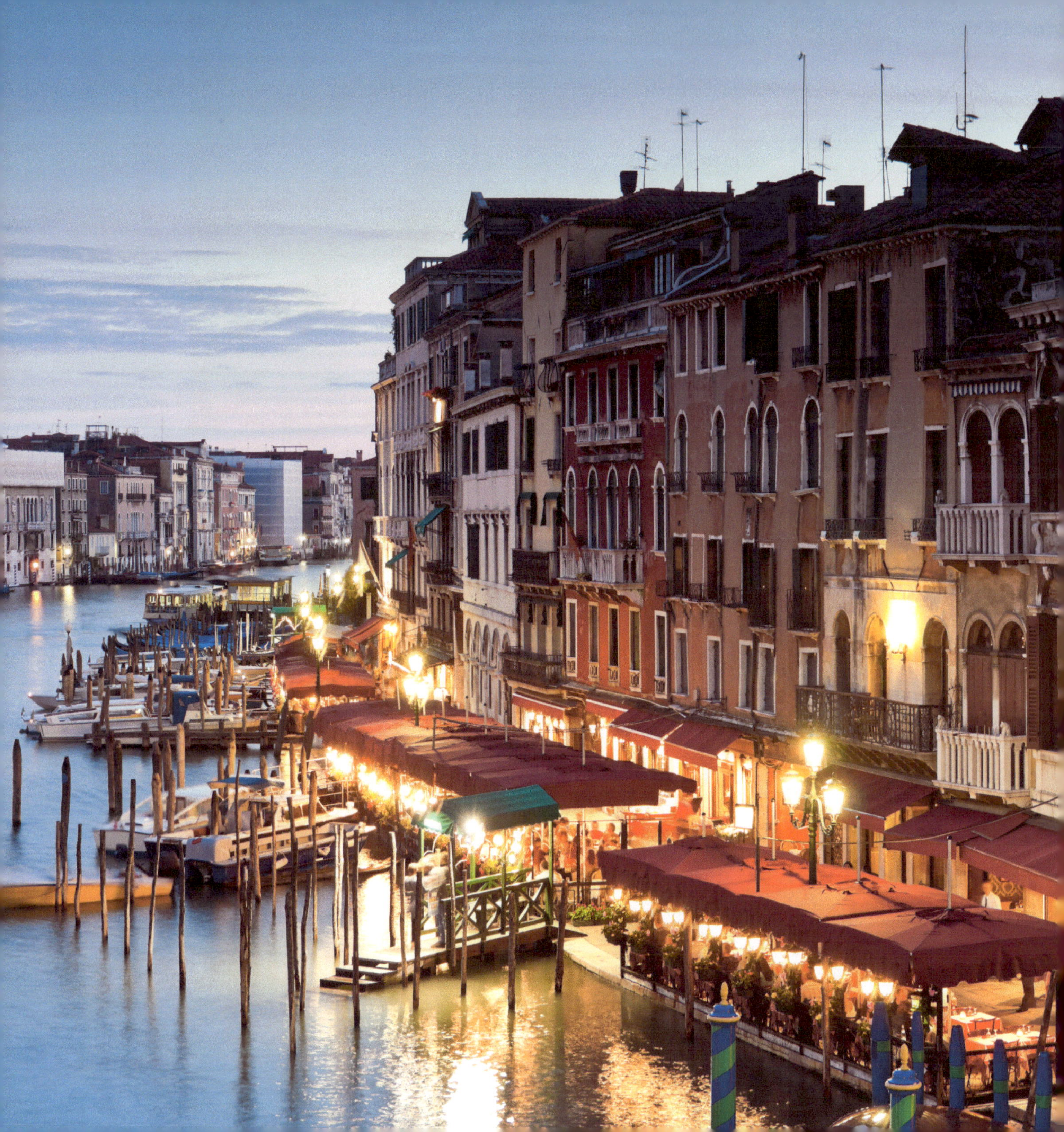

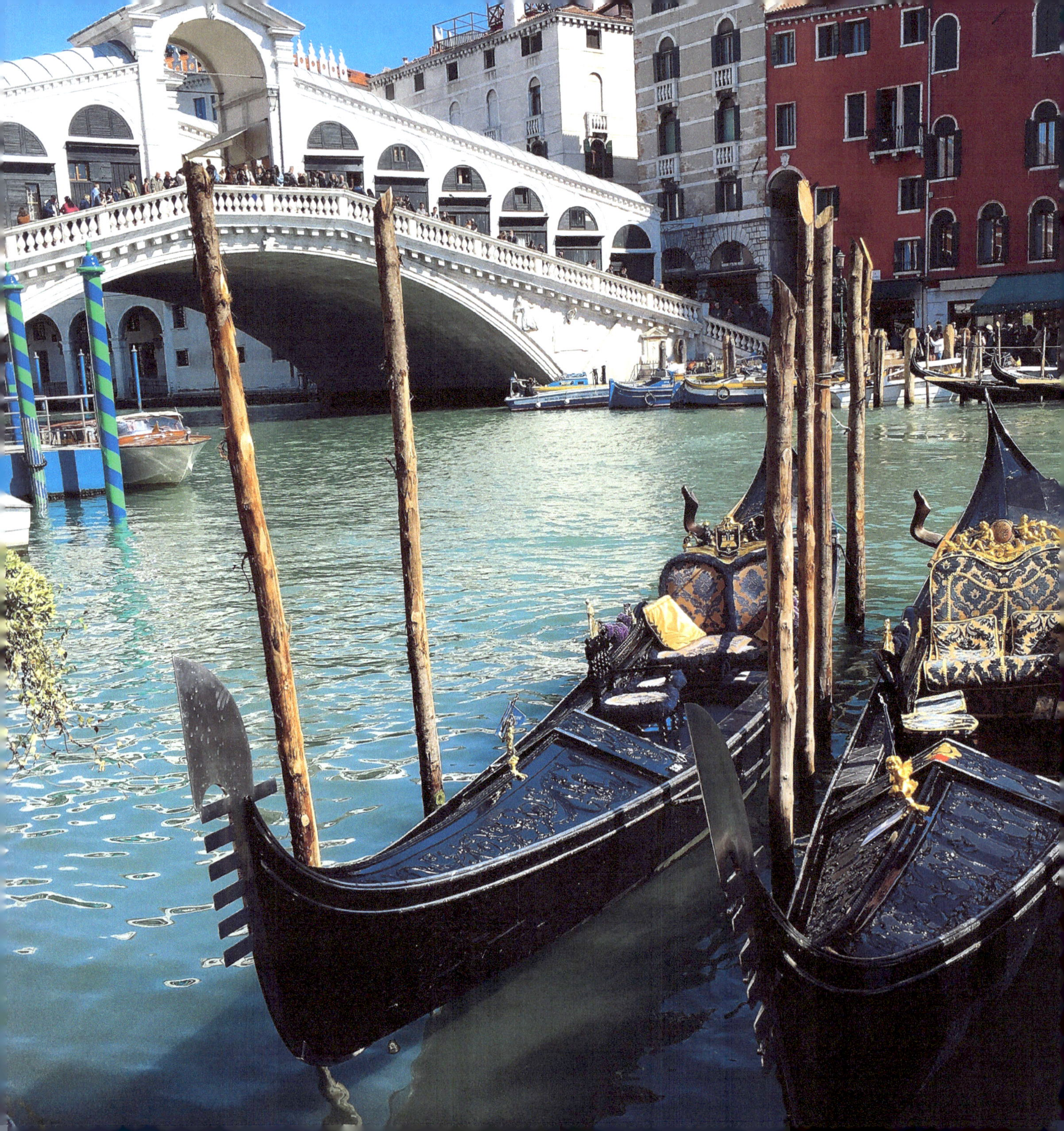

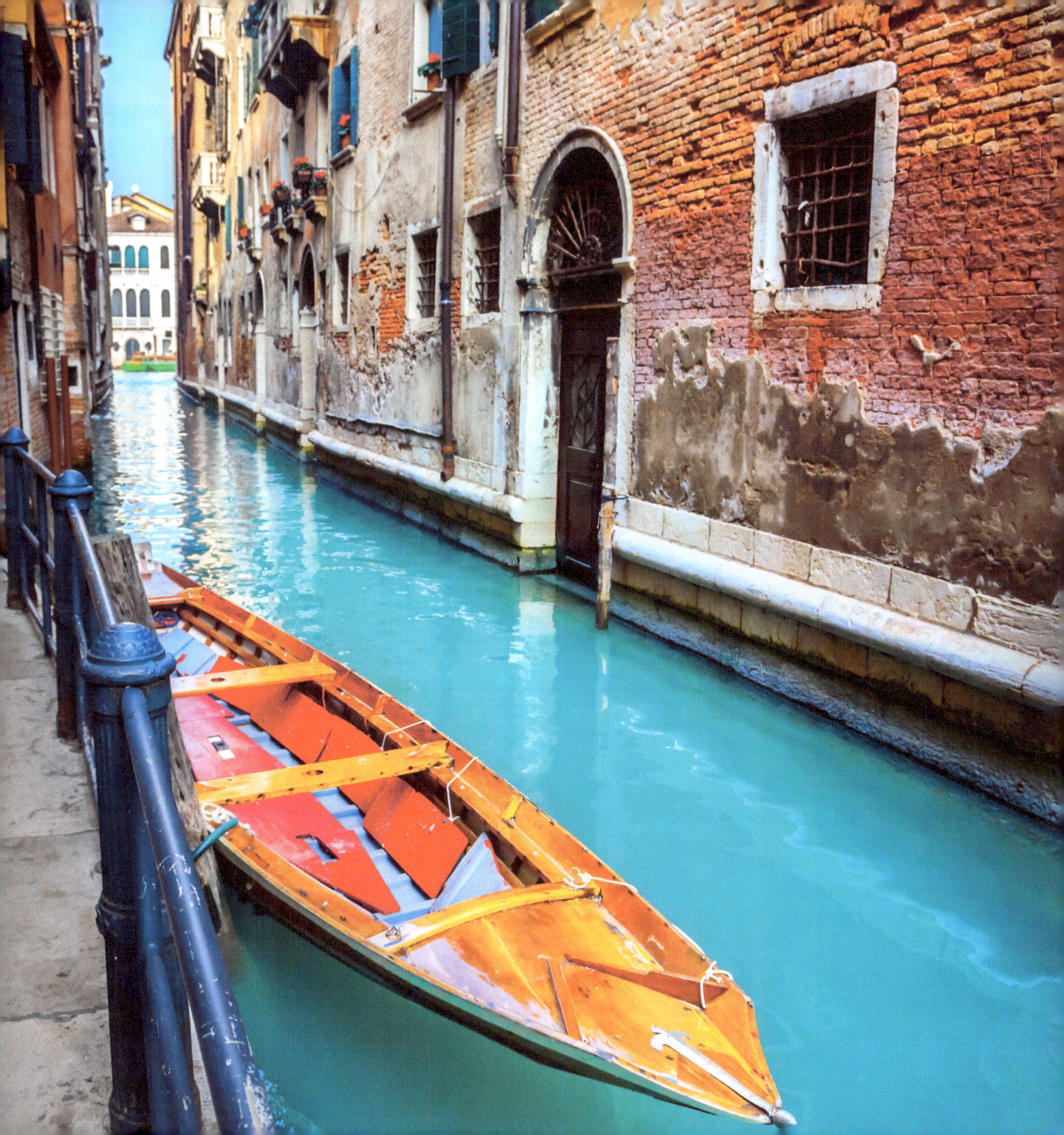

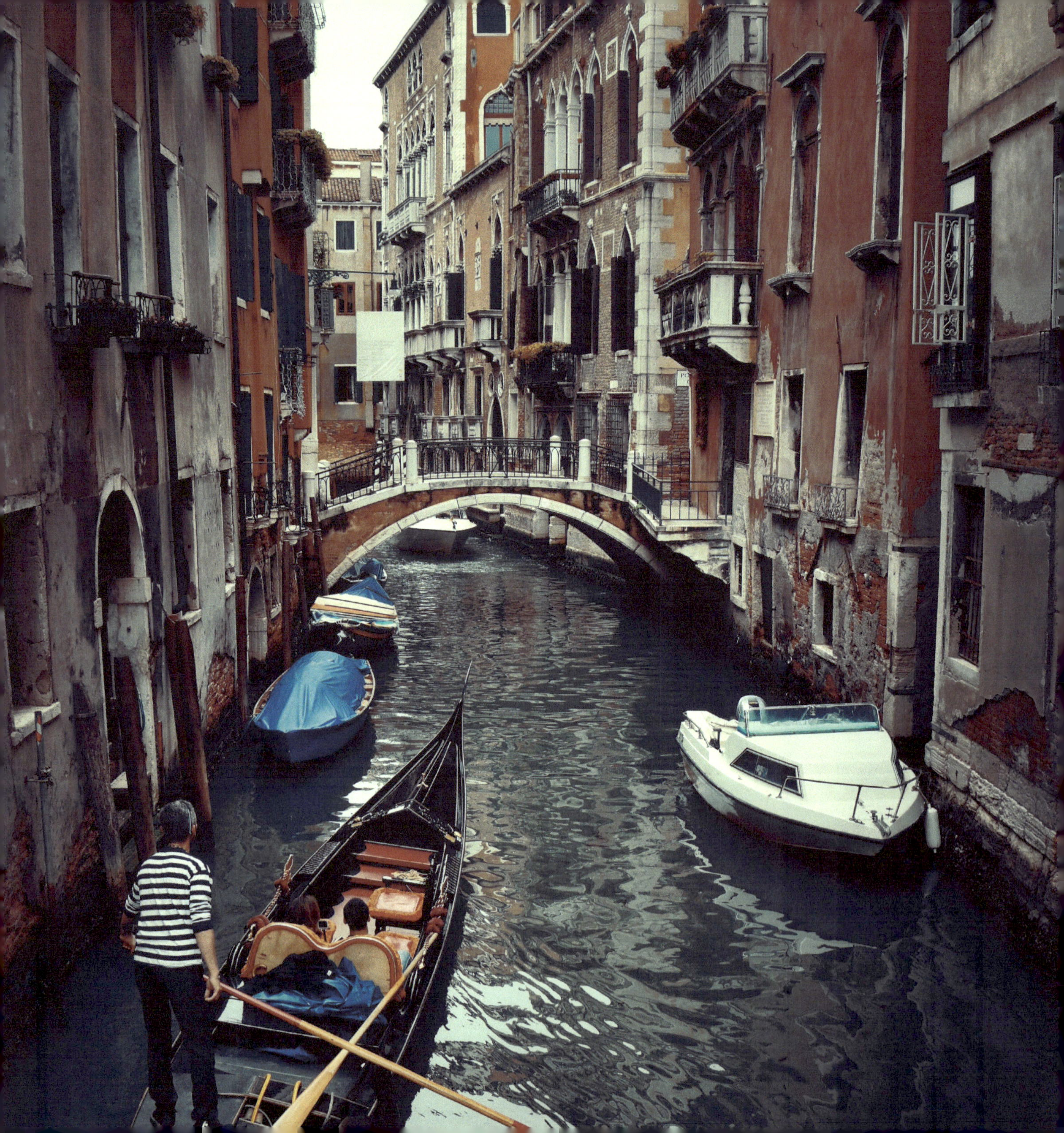

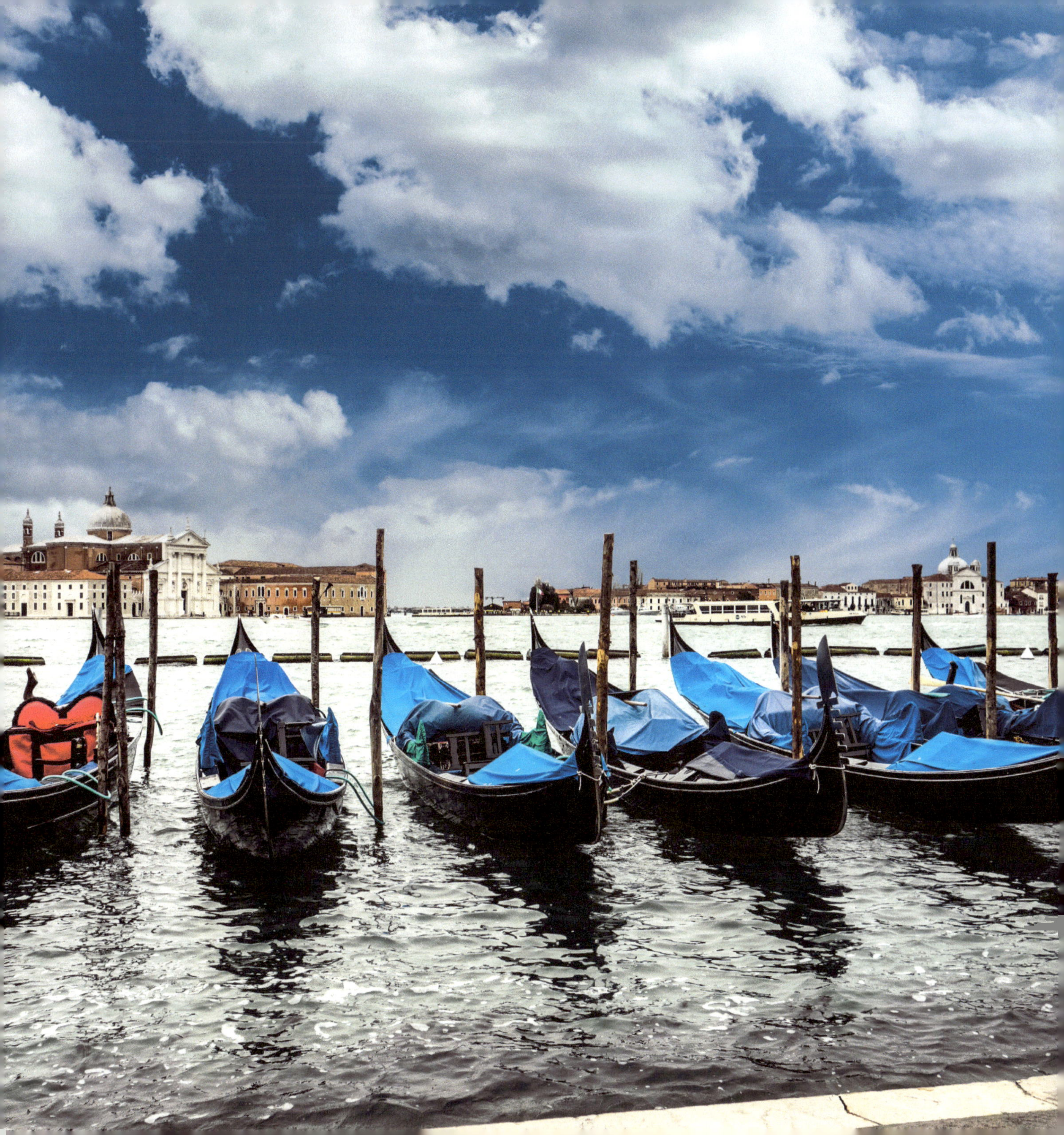

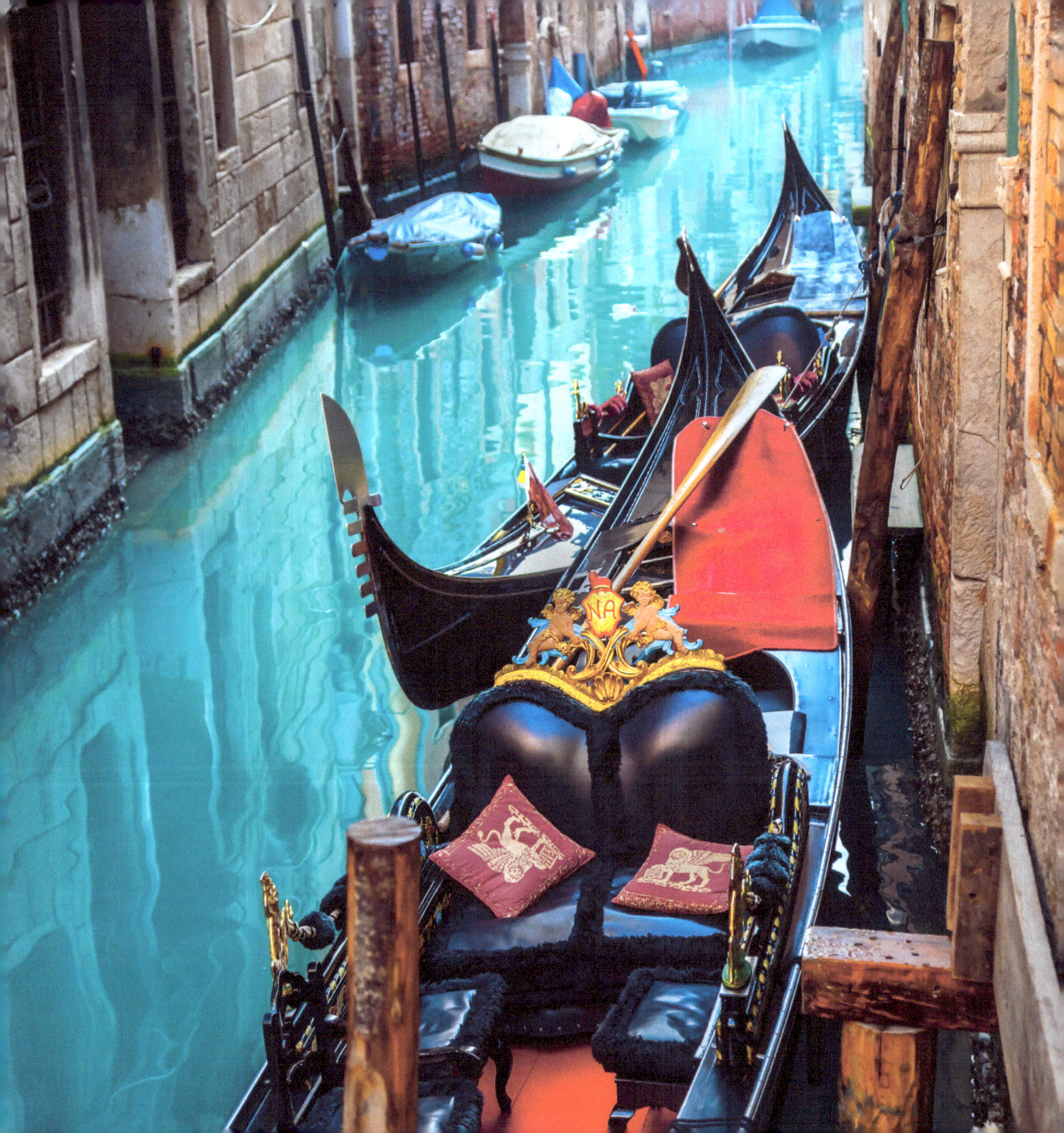

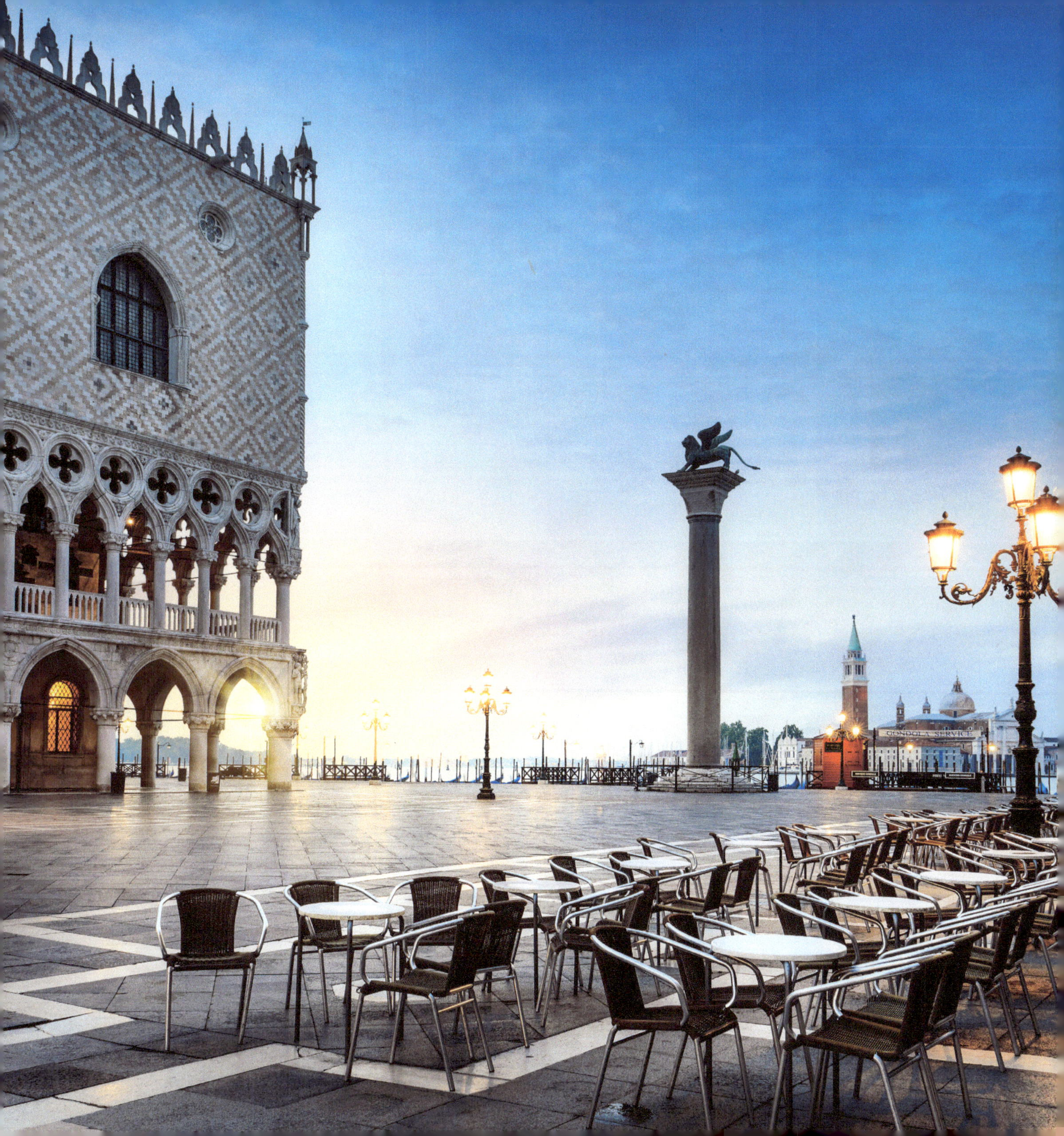
GONDOLA SERVICE

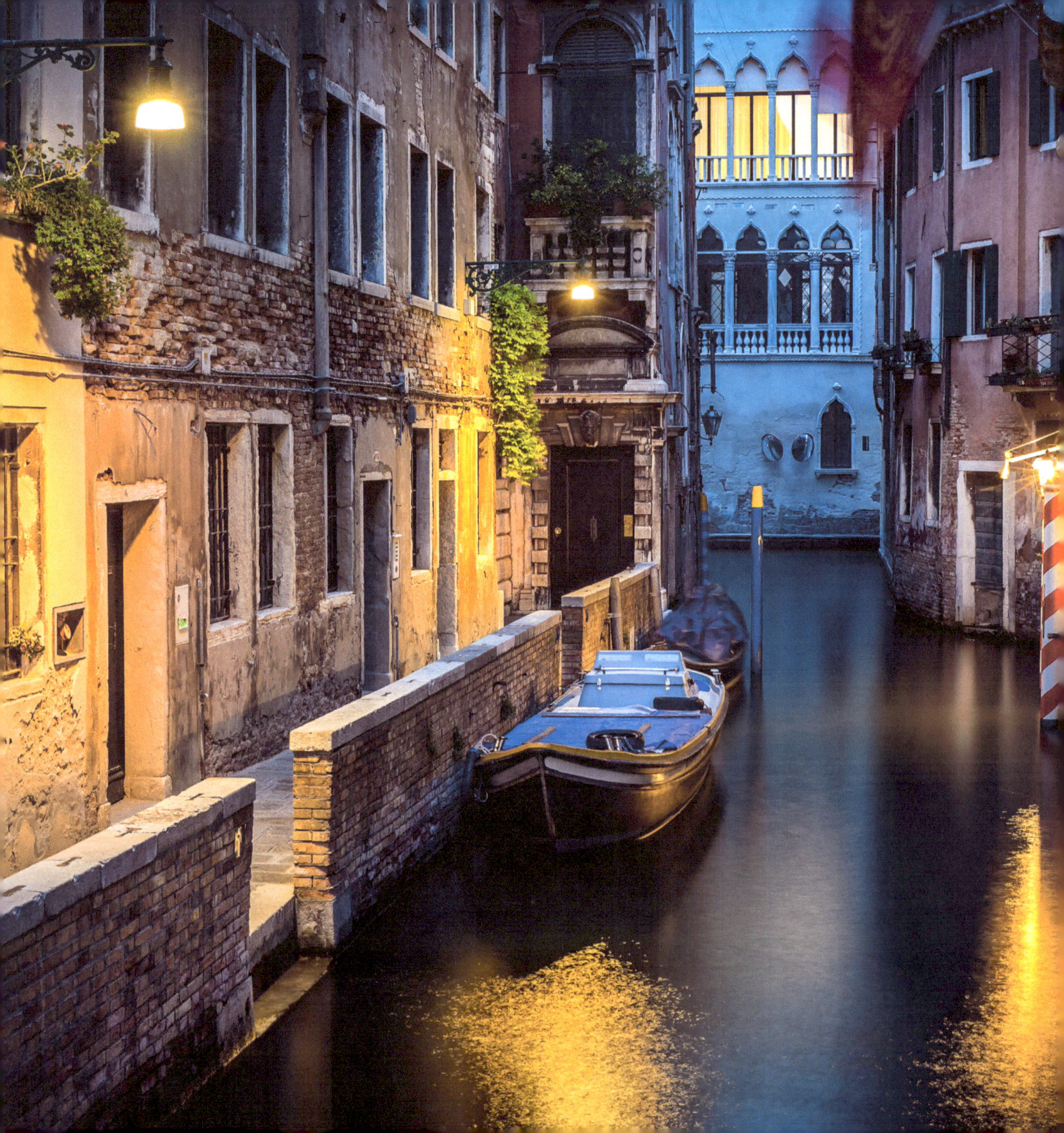

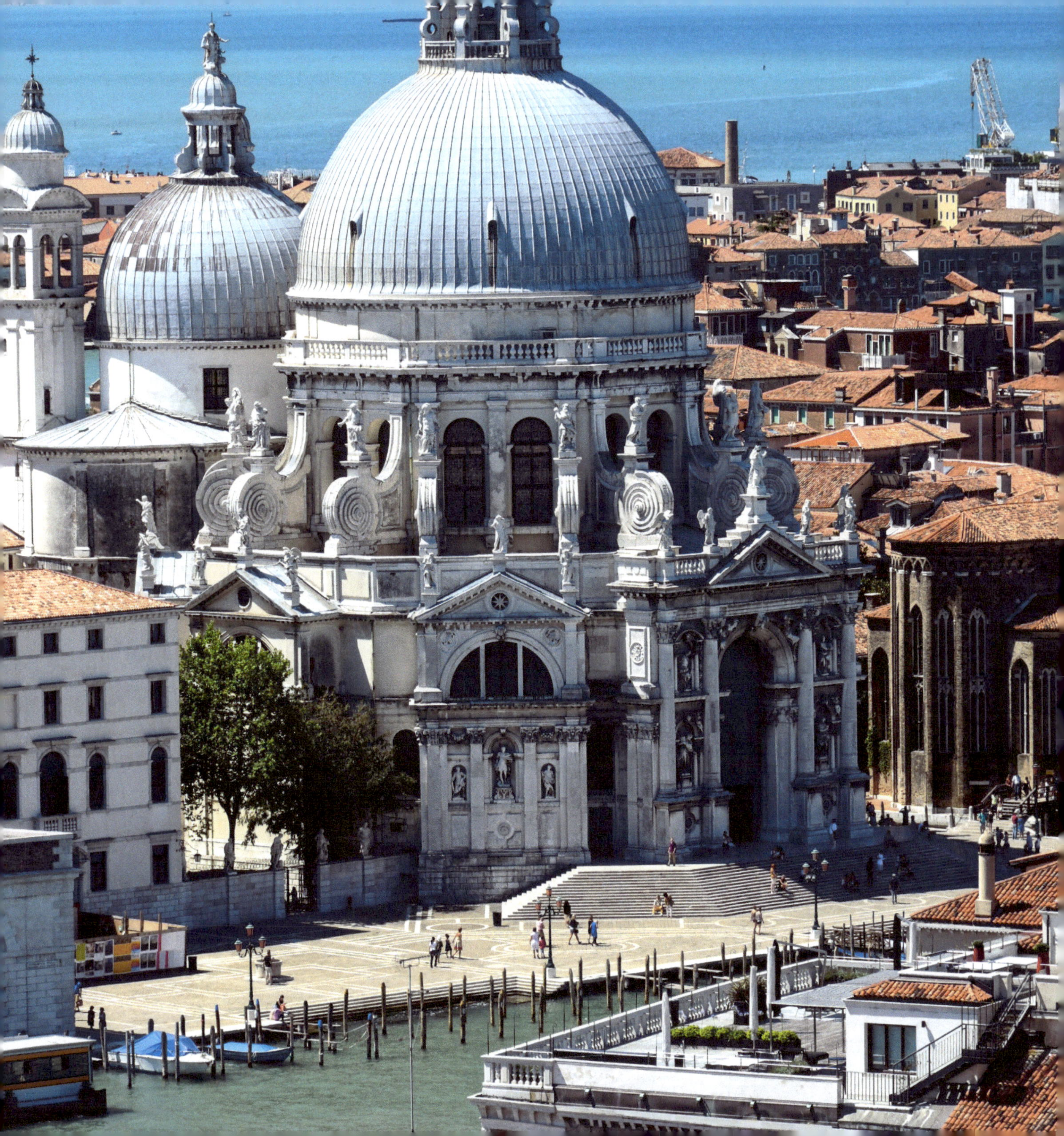

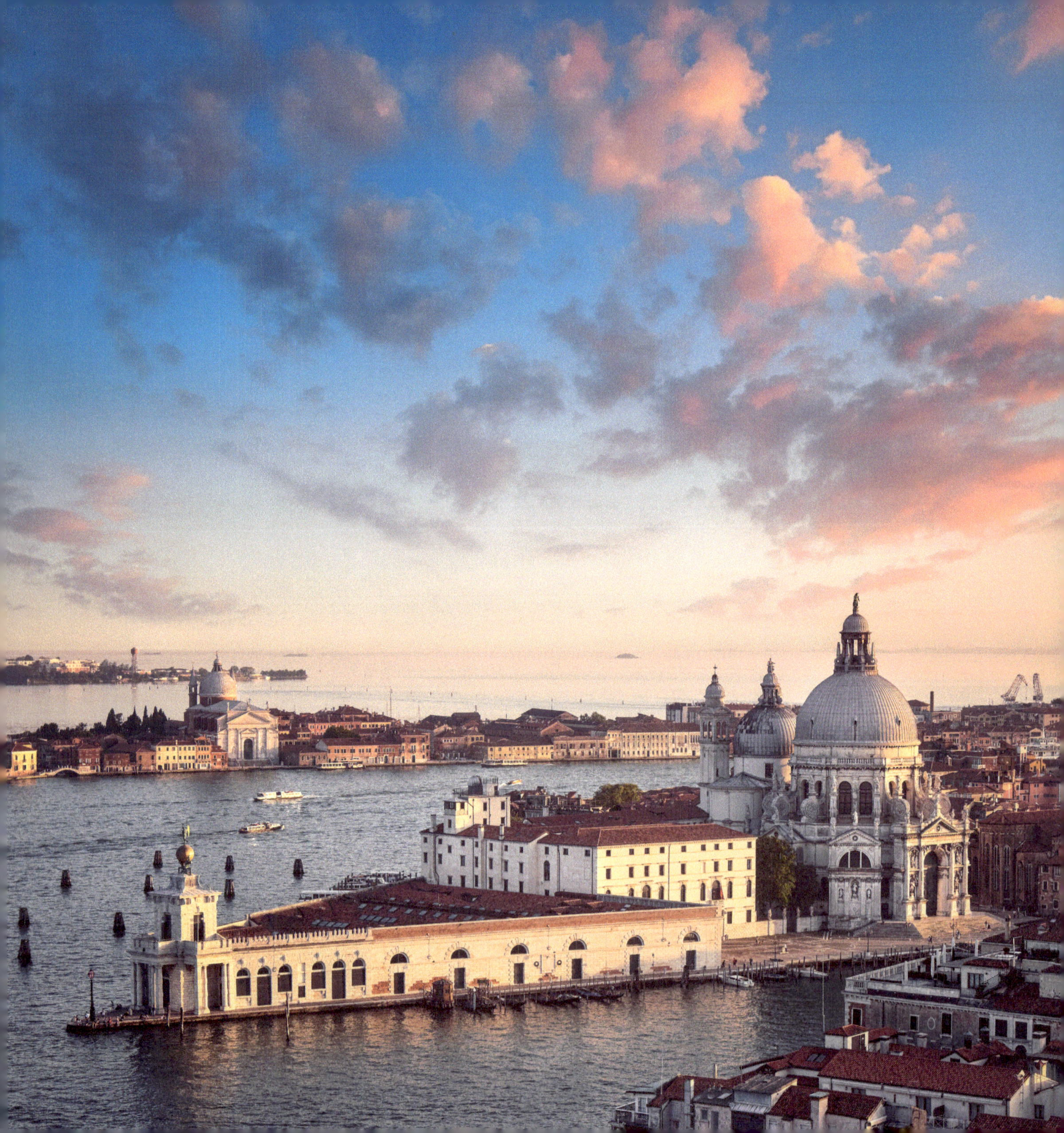

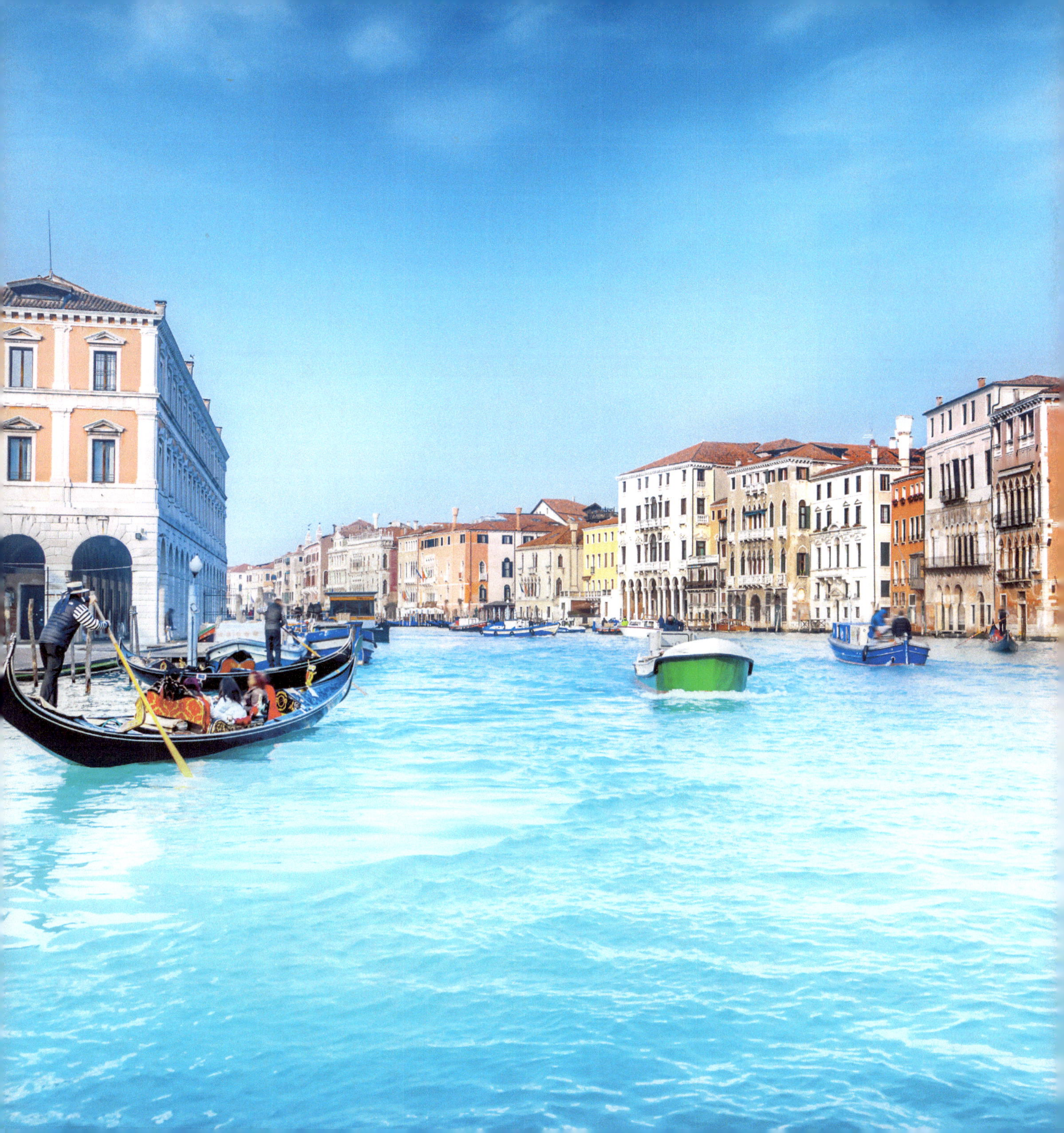

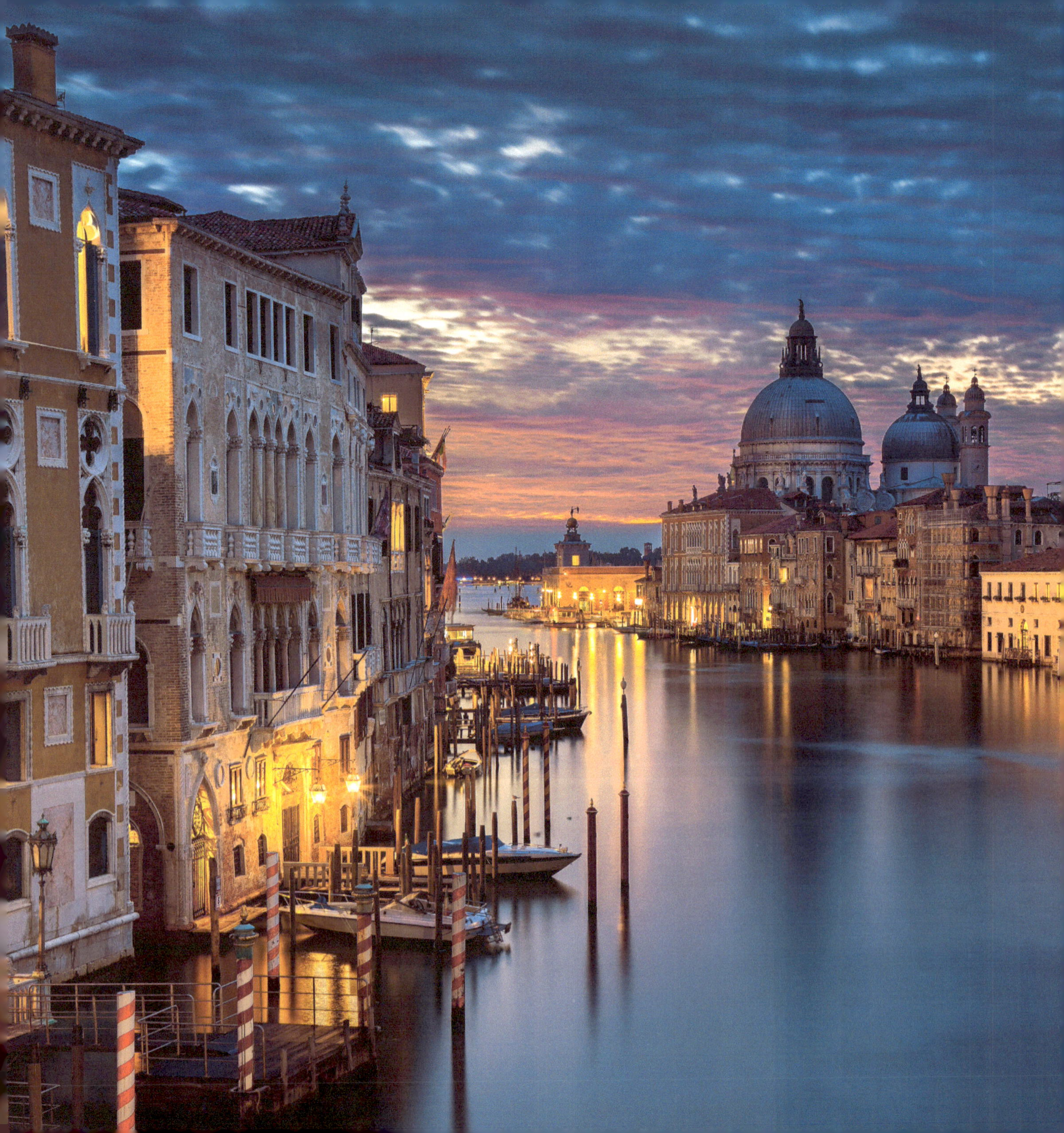

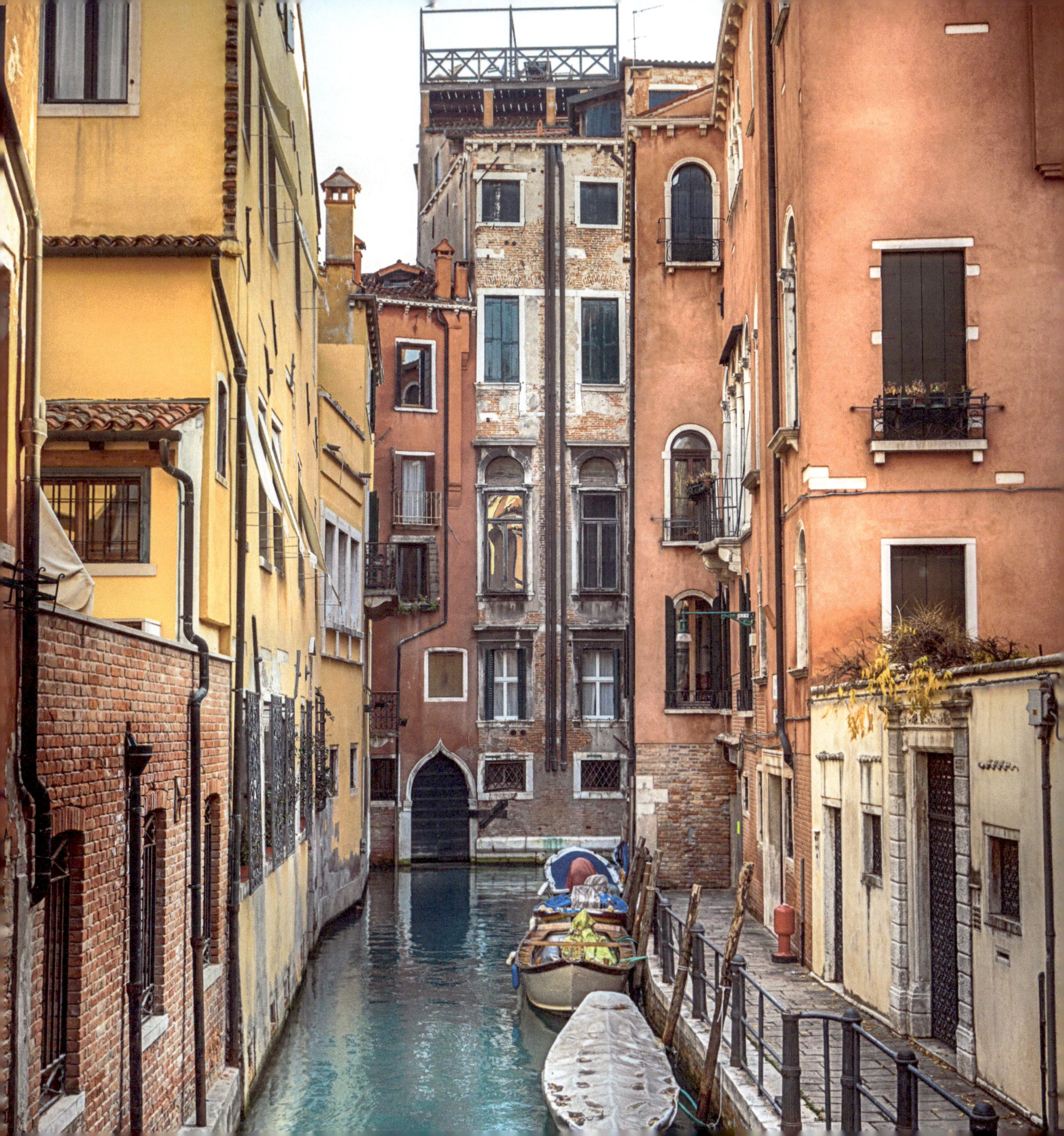

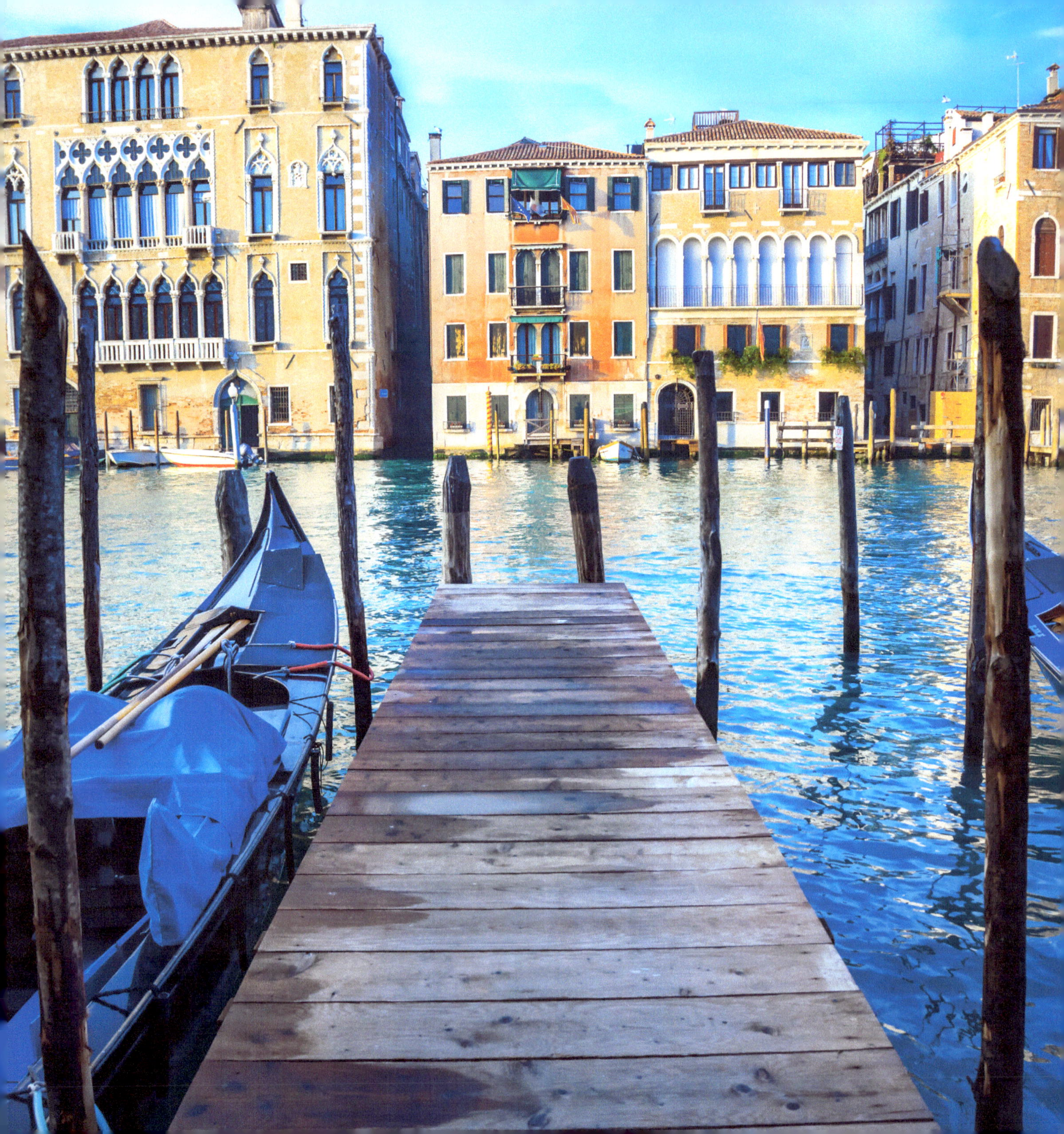

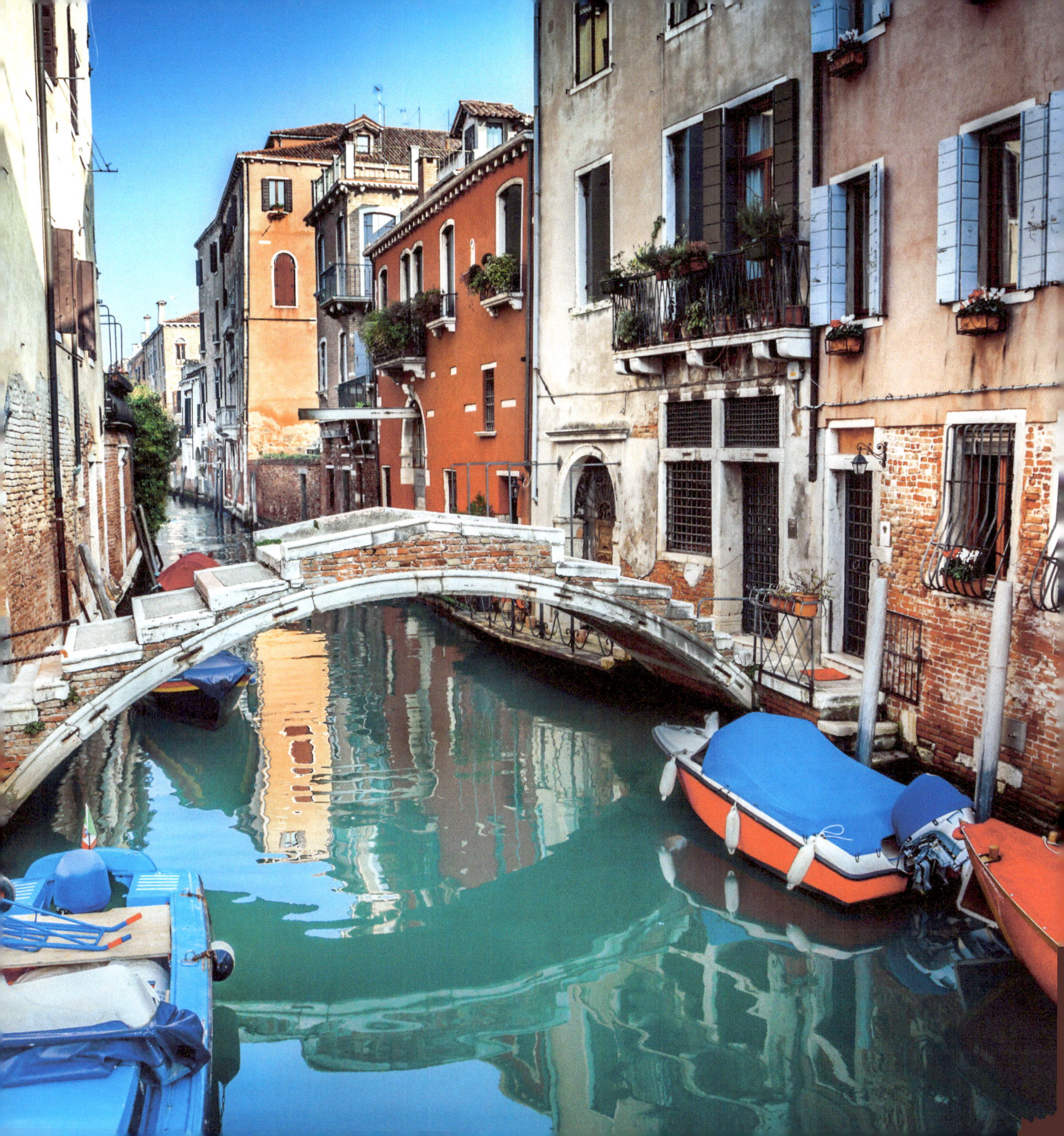

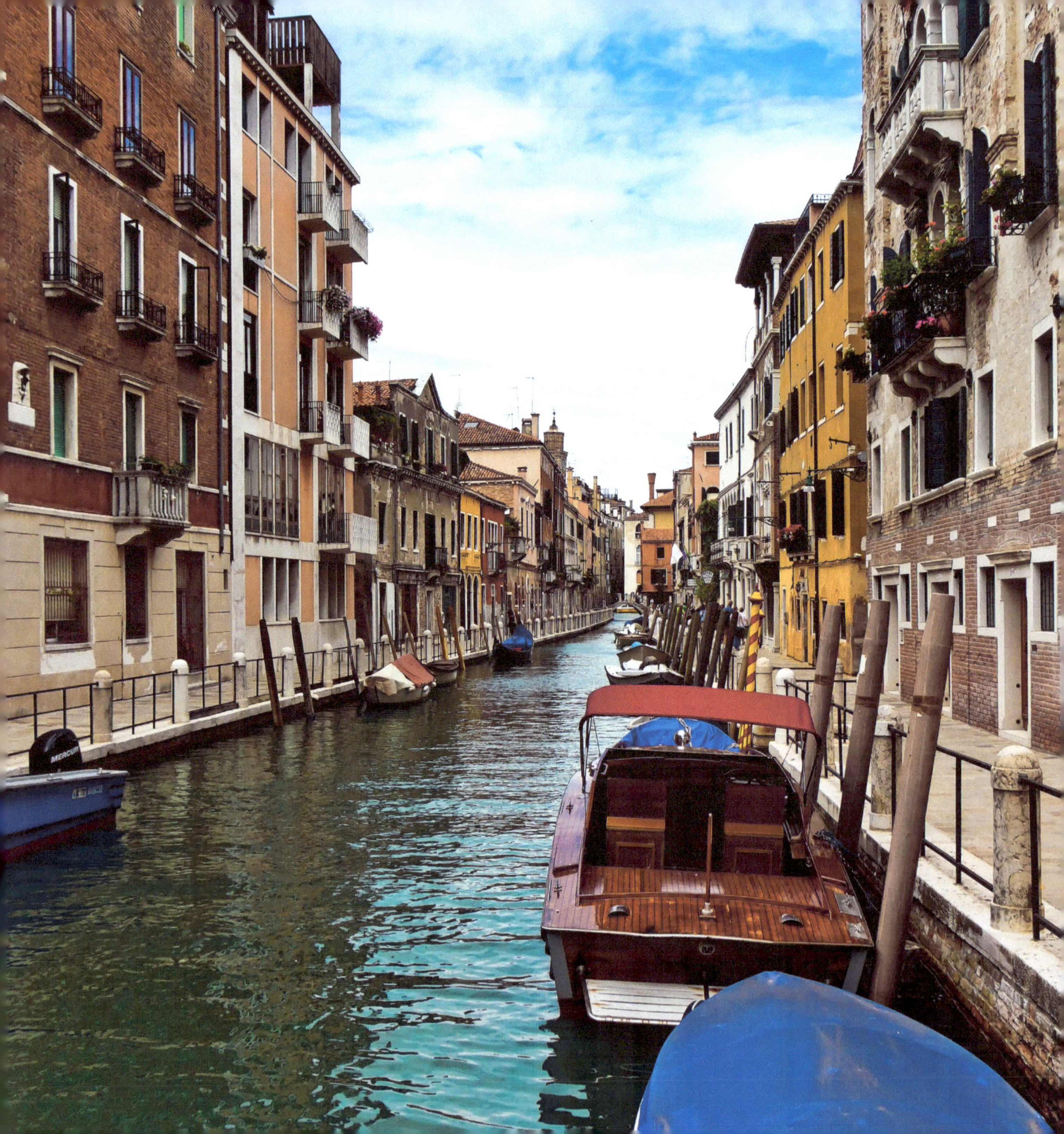

www.ingramcontent.com/pod-product-compliance
Lightning Source LLC
Chambersburg PA
CBHW040418220526
45473CB00004B/1283